land Leben

CADMOS

Frank Allmer

Vögel
beobachten

land Leben

CADMOS

Impressum

Copyright © 2010 by Cadmos Verlag, Schwarzenbek
Gestaltung und Satz: Ravenstein + Partner, Verden
Titelfotos: Tierfotoagentur.de/Dirk Vorbusch, fotonatur.de/Holger Duty
Lektorat: Maren Müller
Druck: Westermann Druck, Zwickau

Deutsche Nationalbibliothek – CIP-Einheitsaufnahme
Die Deutsche Nationalbibliothek verzeichnet diese Publikation in der Deutschen Nationalbibliografie; detaillierte bibliografische Daten sind im Internet über http://dnb.ddb.de abrufbar.

Printed in Germany

ISBN: 978-3-8404-3006-0

Inhalt

Inhalt

Foto: fotonatur.de/Holger Duty

Einleitung

Kaum macht man das Fenster auf, schon sind sie da. Sie pfeifen, zwitschern, tirilieren. Auf dem frisch gemähten Rasen vor dem Haus zerren sie Regenwürmer aus dem Boden. Sie sausen im rasanten Jagdflug knapp über die Dächer in Dörfern und Städten und fangen Mücken und Fliegen. Sie picken im Garten die Blattläuse aus den Rosen. Vögel leben überall, wo Menschen wohnen. Wir erfreuen uns an ihrem Gesang, bewundern die Farbenpracht ihres Federkleides und staunen über ihre Flugkünste. Wir ärgern uns, wenn sie die Kirschen klauen, bevor die richtig reif sind, wenn sie unsere Autos bekleckern oder in aller Herrgottsfrühe vor dem Schlafzimmerfenster unentwegt nach ihrer Liebsten rufen.

In diesem Buch geht es um gute Nachbarschaft zwischen Menschen und Vögeln. Da gelten ähnliche Regeln wie bei den nachbarschaftlichen Beziehungen zwischen Mensch und Mensch. Man sollte sich kennenlernen und wo nötig Nachbarschaftshilfe leisten. Wenn sich Menschen im Umgang mit den gefiederten Nachbarn an solche Regeln halten, werden sie mit reichlichem Naturgenuss belohnt.

Das Buch hilft vor allem Einsteigern, sich mit den Vögeln in ihrer näheren Umgebung vertraut zu machen. Es ersetzt kein Vogelbestimmungsbuch, bringt aber zahlreiche Hinweise zur Vogelbeobachtung für Naturfreunde mit wenig Vorkenntnissen. Schritt für Schritt führen die Buchkapitel Neulinge von der Freude am ersten Vogelgucken über einfache selbstständige Beobachtungen bis zur ehrenamtlichen Mitarbeit bei wissenschaftlichen Studien, denn Freizeitvogelforscher können durchaus kleine, aber wichtige Bausteine liefern für neue Erkenntnisse in der Ornithologie, der wissenschaftlichen Vogelkunde.

Auch Kenner finden in dem Buch Spannendes und Neues aus der Vogelbiologie und nützliche, nicht alltägliche Beobachtungstipps. Die Vogelkunde steckt noch voller Geheimnisse, und in jedem Jahr kann man Neues, Interessantes und Schönes erleben.

Ein Star bedient sich am Kirschbaum. (Foto: fotonatur.de/Holger Duty)

Wie heißt mein Nachbar?

Amsel, Drossel, Fink und Star sind allbekannte Vogelnamen, wie bei uns Menschen Meier, Müller, Schmidt und Schulze; jeder kennt sie. Aber bei einer Begegnung nach längerer Zeit fragt man sich doch manchmal: Wer ist denn nun Frau Meier und wer Herr Schmidt?
Dieses Kapitel gibt Hilfestellung dabei, wie sich die Namen der Vögel einprägen lassen, und es enthält Hinweise auf Vogelbestimmungsbücher und Ferngläser. Es werden erste Anregungen für einfache Beobachtungen gegeben und Tipps, um Vögel aus ihren Verstecken zu locken.

Amsel, Star oder ...?

Da hüpfen und picken auf dem frisch gemähten Rasen im Garten oder Park acht bis zehn mittelgroße schwarze Vögel herum. Sind das nun Stare oder Amseln, oder frühstücken hier vielleicht beide gemeinsam? Es lohnt sich, genauer hinzusehen. Bald fällt auf: Nicht alle Vögel hüpfen, einige trippeln mit schnellen Schritten über den Rasen. Nur annähernd die Hälfte hüpft in weiten Schlusssprüngen. Die Hüpfer sind die Amseln, die Trippler die Stare.

Das gilt jedoch nicht im Umkehrschluss. Stare hüpfen zwar nie über den Rasen, Amseln dagegen trippeln durchaus manchmal, etwa wenn sie sich aufregen, weil sich ein möglicher Partner oder ein Rivale nähert.

Ein Blick durchs Fernglas zeigt noch mehr. So sind die Vögel gar nicht einheitlich schwarz gefärbt. Die Stare haben mehr oder weniger auffällige gelblich weiße Punkte auf dem Gefieder. Einige der Amseln sind dunkelbraun und teilweise gestreift. An diesen Unterschieden lassen sich Männchen, Weibchen und Jungvögel verschiedener Altersstufen feststellen. In guten Vogelbestimmungsbüchern sind solche Kennzeichen ausführlich beschrieben.

Plötzlich landet auf dem Rasen ein weiterer Vogel. Er sieht aus wie eine grau-braun-rötlich gemusterte Amsel mit kräftig geflecktem Bauch. Nach dem Bild im Vogelbuch könnte es eine Wacholderdrossel sein. Ist sie auch. Das wird klar, wenn sie laut schackernd „Tschak-tschak-tschak" ruft. So rufen nur Wacholderdrosseln.

Amselweibchen erkennt man an der braunen Gefiederfarbe. (Foto: fotonatur.de/Holger Duty)

Die Wacholderdrossel sieht aus wie eine farbig gemusterte Amsel.
(Foto: fotonatur.de/Sönke Morsch)

Fahndung nach mehreren Merkmalen

Der Kuckuck und einige andere Vögel stellen sich freundlicherweise selbst vor. Sie rufen ihren Namen. Erfahrungsgemäß sollte man jedoch auf mehrere Kennzeichen gleichzeitig achten, um ganz sicher zu sein, welchen gefiederten Nachbarn man vor sich hat. Die Größe spielt dabei eine Rolle und die Körperhaltung, dazu vor allem die Gefiederfarbe, Schnabelform und andere Besonderheiten. Wichtig ist zudem, wo sich der Vogel aufhält. Buntspechte zum Beispiel leben im Wald, Hausrotschwänzchen in Dörfern und Städten. Nicht zuletzt lassen sich die Vögel auch an ihren Verhaltensweisen erkennen, wie Hüpfen oder Trippeln bei Amseln und Staren.

Man muss ja nicht gleich alle Vögel in seinem Wohnort bestimmen wollen. Anfangs genügen zehn oder zwanzig der häufigeren Arten. Wer die erst mal kennt, lernt schnell auf Anhieb die weiteren Vogelfamilien oder -gattungen zu unterscheiden und bekommt immer mehr Spaß daran, die richtigen Namen herauszufinden. Und wer bereits so eine „einfache" Art wie die Amsel bestimmt hat, kann sogar ohne große weitere Kenntnisse Spannendes über das Alltagsleben dieser Vögel herausfinden, zum Beispiel, wo sie die Nacht verbringen (siehe Kasten „Amselschlafplatz").

Beobachtungstipp: Amselschlafplatz

- **Günstiger Ort:** jeder Garten und Park in Dorf und Stadt
- **Günstige Jahreszeit:** Herbst und Winter, von September bis April
- **Günstige Tageszeit:** nach Feierabend – ungefähr eine Stunde vor Sonnenuntergang bis zur Dunkelheit
- **Ausrüstung:** Ein Fahrrad ist nützlich.

Außerhalb der Brutzeit schlafen Amseln gern in großer Gesellschaft. Rund eine Stunde vor Sonnenuntergang verlassen die Amseln nach und nach ihre Nahrungsreviere und fliegen einzeln oder in kleinen Trupps zügig Richtung Schlafplatz. Das ist in aller Regel ein dichtes Gebüsch, oft eine Fichtendickung. Die Schlafplätze lassen sich nach ein bis zwei Tagen Detektivarbeit leicht finden. Man folgt den Amseln zu Fuß oder mit dem Fahrrad in die Richtung, in die sie fliegen. Ist eine aus dem Blickfeld verschwunden, kommt bestimmt die nächste bald hinterher und man kann die Spur wieder aufnehmen. Fliegen die ersten Amseln aus der Gegenrichtung an, liegt der Schlafplatz in der Nähe.

Die Frage ist nun: Schlafen alle Amseln der Ortschaft an einem Platz oder gibt es mehrere Schlafplätze? Wie sind sie verteilt? Das finden auch Einsteiger leicht heraus.

Amselmännchen fällt am Schlafplatz ein.
(Foto: fotonatur.de/Holger Duty)

Im Apfelbaum vor dem Küchenfenster sind Gartenrotschwänzchen gar nicht scheu. (Foto: fotonatur.de/Sönke Morsch)

Der häufigste Vogel heißt „Weg-ist-er"

Vögel können nun mal fliegen, und sie haben Angst vor uns Menschen. So sind sie meist schon fort, bevor der Vogelfreund dicht genug herankommt, um wichtige Artkennzeichen in Ruhe zu studieren. Da bleibt nur noch der Kommentar: „Weg ist er."

Die Vögel zum Lernen leben gleich nebenan

Anfangs sollte man sein Glück also mit weniger scheuen Vögeln versuchen. Sie leben nicht etwa draußen in Wald und Flur, sondern mitten in Dörfern und Städten, zum Beispiel auf einem Pferdehof, im Biergarten, in Parks und natürlich im eigenen Garten. Dort haben sich die Vögel an Menschen gewöhnt. Sie fliegen nicht gleich auf, wenn sie nur mal scharf angesehen werden.

Also auf zum nächsten Pferdehof und fragen, ob es erlaubt ist, ein bisschen Vögel zu gucken. Notfalls geht auch ein Bauernhof mit Milchvieh. Auf reinen Ackerbaubetrieben ohne Tiere halten sich erfahrungsgemäß nur wenige Dorfvögel auf. Der Vorteil eines Reiterhofes: Dort gehen viele Reiterinnen und Reiter ein und aus, und die Vögel stören sich kaum noch an Menschen. Hier leben Schwalben, Tauben, Rotschwänzchen, Amseln, Stieglitze und Spatzen.

Der Spatz vom Reiterhof

Spatz ist nicht gleich Spatz. In den Dörfern gibt es Haussperlinge und Feldsperlinge. Beide Arten können auf ein und demselben Bauernhof nebeneinander vorkommen. Bei den Feldsperlingen sind Männchen und Weibchen gleich gefärbt. Sicherstes Kennzeichen ist ein dunkler Fleck auf den weißen Wangen. Beim Haussperling sind die Weibchen schlicht braun, die Männchen viel abwechslungsreicher gefärbt.

Um Vögel richtig zu benennen, ist es zunächst einmal wichtig, sie in grobe Gruppen einzuordnen. Dafür ist es hilfreich, sich anfangs einige wenige Vergleichsarten gut einzuprägen, mit denen sich die Unbekannten vergleichen lassen.

Man schaue einem Volk von Haussperlingen mal ruhig eine gute Stunde zu und präge sich möglichst viele Kennzeichen ein: die Größe, die Schnabelform, die grau-braun-schwarze Kopfzeichnung der Männchen, die weiße Flügelbinde. Haussperlinge helfen als Vergleichsart, andere unbekannte Arten leichter einzuordnen, zum Beispiel, ob sie kleiner oder größer oder ungefähr gleich groß sind. Über 25 häufige Arten sind annähernd spatzengroß, vom Buchfinken über den Stieglitz bis zur Goldammer. Sie unterscheiden sich aber durch ihre Körperform, einen anderen Schnabel und haben ein buntes Gefieder.

Haussperlinge (links ein Männchen) und Feldsperlinge (rechts) leben häufig gemeinsam auf dem Reiterhof. (Foto: fotonatur.de/Sönke Morsch)

Die Amseln im eigenen Garten

Danach widme man sich der Amsel. Sie gilt als zweite Vergleichsart. So steht in vielen Bestimmungsbüchern „drosselgroß“ als Kennzeichen. Immer wieder kommt die Frage nach dem Unterschied zwischen Amsel und Drossel auf. Die „Eigentlichen Drosseln“ sind eine übergeordnete Vogelgruppe, zu der neben anderen Arten die Amseln gehören. In älteren Büchern findet sich für die Amsel manchmal der Name Schwarzdrossel.

In Dörfern und Städten kommen neben Amseln regelmäßig auch Sing- und Wacholderdrosseln vor.

Zum Üben reicht es zunächst, den Amseln zuzuschauen. Sie sind häufig und fast in jedem Garten zu Hause. Die Männchen singen im Frühjahr und Sommer frühmorgens und gegen Abend auf Baumwipfeln oder Dachgiebeln. Von Natur aus bauen Amseln ihre Nester in Büschen und Bäumen, rings ums Haus oft im Efeu an der Hauswand, auf einem Balken im Carport oder in Blumenkästen. Als Futter für ihre Jungen sammeln sie unter anderem Regenwürmer vom Rasen. Im Winter holen sie sich gern Obstreste oder Rosinen von den Futterstellen. Bei allen diesen Verhaltensweisen sind sie sehr zutraulich und lassen sich wenig stören.

Wenn es im Bestimmungsbuch „drosselgroß“ heißt, ist die Amsel gemeint. (Foto: fotonatur.de/Hans-Wilhelm Grömping)

Die Ringeltaube - der weiße Halsring, von dem sie ihren Namen hat, besteht in Wirklichkeit aus zwei Flecken, jeweils links und rechts am Hals. (Foto: fotonatur.de/Markus Gebel)

Gehen wir Tauben gucken im Park

Vergleichsart Nummer drei ist die Ringeltaube. Ein alter Jagdspruch sagt, Ringeltauben haben auf jeder Feder ein Auge, so wachsam, ängstlich und scheu sind sie. Seit sie jedoch vor gut 60 Jahren aus dem Wald in Städte und Dörfer eingezogen sind, haben Ringeltauben ihre große Scheu abgelegt. Gemeinsam mit verwilderten Haustauben suchen sie auf Markt- und Parkplätzen, zwischen Tischen und Stühlen vor Cafés und in Biergärten nach Futter.

Um Ringeltauben gut kennenzulernen, geht man am besten in den nächsten Park. Den Namen haben sie von ihrem weißen Halsring, der allerdings eine optische Täuschung ist: Es sind zwei große weiße Flecken am Hals, die auf den ersten Blick wie ein geschlossener Ring erscheinen. Ein noch besseres Kennzeichen sind die breiten, leuchtend weißen Querbinden auf den Flügeln. Sie fallen auf, wenn die Ringeltauben zum Flug starten. Keine andere einheimische Taubenart hat dieses Merkmal.

Vogelbestimmungsbücher

Die bis hierher erwähnten Vögel ließen sich anhand der Fotos in diesem Buch bestimmen. Doch sowohl auf dem Reiterhof als auch in Garten und Park begegnet man viel mehr Vogelarten. Die Namen lassen sich mithilfe von Bestimmungsbüchern herausfinden. Im Buchhandel gibt es Vogelbestimmungsbücher für Einsteiger über Vögel in Gärten, Parks und am Futterhaus. Für den Start in die Vogelkunde sind sie größtenteils gut geeignet. In der Regel stellen die Anfängerbücher zwischen 50 und 200 Vogelarten vor.

Doch eines Tages fliegt einem bestimmt ein Vogel vor die Nase, der sich in diesen Büchern nicht findet.

Dann hilft nur ein umfassendes Bestimmungsbuch. In Europa haben die Vogelkundler schon weit über 700 Arten gesehen. Die kommen zwar nicht alle im Garten vorbei, Seltenheiten können jedoch allerorten einmal auftauchen, wie Seidenschwanz, Wendehals, Merlin oder Berghänfling.

Die Vielfalt der Vogelbilder in den größeren Bestimmungsbüchern ist anfangs verwirrend. Aber man hat ja schon mit den Vergleichsarten geübt. So lassen sich die richtigen Buchseiten mit ähnlichen Vogelgruppen schneller finden.

Wichtige Hinweise geben immer die Verbreitungskärtchen. Wer zum Beispiel glaubt, nach den äußeren Kennzeichen ganz sicher eine weibliche Weidenammer oder Waldammer in seinem Garten entdeckt zu haben, sieht gleich: Das geht gar nicht. Diese Ammern kommen nur im östlichen Europa und Asien vor. Bei uns sind sie sehr seltene Irrgäste, die man schon mal mit den einheimischen weiblichen Rohrammern verwechseln kann.

Wer sich nicht gleich für ein Buch entscheiden will, kann in der örtlichen Bücherei nachsehen, welche Vogelbücher dort vorhanden sind und welches davon am ehesten den eigenen Wünschen entspricht.

Merkmale eines guten, umfassenden Bestimmungsbuches

- Über 600 Arten werden vorgestellt.
- Zu den meisten Arten gibt es Verbreitungskarten, mit Brut-, Durchzugs- und Überwinterungsgebieten.
- Es enthält Angaben zum Lebensraum, zum Beispiel Kiefernwald, Feldhecken, Gärten, Parks.
- Abbildungen zeigen verschiedene Gefiederfärbungen, zum Beispiel für Männchen, Weibchen, Jungvögel oder das bunte Federkleid im Frühling und das oft schlichtere Gefieder im Herbst und Winter.
- Text und Bilder für eine Art stehen auf einer (Doppel-)Seite, so entfällt das Hin-und-her-Blättern.
- Der Umschlag ist strapazierfähig.
- Das Buch ist handlich und passt in die Jackentasche.

In einigen Vogelbüchern nicht zu finden: der Seidenschwanz. In manchen Wintern kann er aber in jedem Garten auftauchen. (Foto: fotonatur.de/Sönke Morsch)

Fitis und Zilpzalp sehen sich sehr ähnlich. Die Beinfarbe hilft bei der Unterscheidung: Der Fitis hat bräunliche Beine ... (Foto: fotonatur.de/Gerd Rossen)

Vögel online bestimmen

Trotz guter Bestimmungsbücher ist es nicht immer leicht, sich bei Gartenvögeln sicher für einen Namen zu entscheiden. Zu viele ähnliche Vögel leben rund ums Haus. Die häufigen Laubsänger Zilpzalp und Fitis zum Beispiel sind beide klein und unscheinbar graugrün. Sie lassen sich nur an der Beinfarbe unterscheiden. Die im Garten vorkommenden Finkenarten gleichen sich ebenfalls sehr.

... die Beine des Zilpzalp sind schwarz. (Foto: fotonatur.de/Stefan Ott)

Da kann das Internet das Vogelbuch ergänzen.

Beim NABU Naturschutzbund gibt es beispielsweise einen Online-Vogelführer (www.nabu.de/naturerleben/onlinevogelfuehrer).

Außerdem lassen sich im Internet von jeder Vogelart Bilder ansehen und mit den eigenen Beobachtungen vergleichen. Wer bei der Suche den zweiteiligen wissenschaftlichen Namen eingibt, erhält sogar das weltweite Angebot an Fotos oder Videos, für die Amsel wäre das zum Beispiel „Turdus merula".

Das passende Fernglas

Mit einem Fernglas holt der Naturfreund den Vogel zu sich heran, ohne von ihm entdeckt zu werden. So manches Kennzeichen, das hilft, den richtigen Vogelnamen zu finden, lässt sich mit bloßem Auge nicht immer gut erkennen, zum Beispiel ein heller Augenstreif, die Schnabelform oder die Beinfarbe.

Ein Fernglas soll möglichst stark vergrößern, eine hohe Lichtstärke haben und dabei auch im Nahbereich scharf zeichnen, die Farben unverfälscht wiedergeben, ein weites Gesichtsfeld besitzen, sich einfach bedienen lassen, dazu wenig wiegen und zugleich robust sein. Nicht ein einziges Glas erfüllt alle diese Bedingungen. Das Angebot ist riesig, mit Preisen von 6 Euro bis über 2000 Euro.

Was ein Fernglas optisch leistet, lässt sich an zwei mit dem Multiplikationszeichen verbundenen Zahlen ablesen, beispielsweise „10 x 50". Die erste Zahl bezeichnet die Vergrößerung, also zehnfach. Ein 10x-Glas holt einen 100 Meter entfernten Vogel so nah heran, als stünde der Betrachter 10 Meter davor, bei 8x wären das 12,50 Meter.

Die zweite Zahl beschreibt den Durchmesser der vorderen Linsen, im Beispiel 50 Millimeter. Je größer die Frontlinse ist, umso mehr Licht nimmt das Fernglas auf und desto weiter ist das Gesichtsfeld.

Fernglastest

- Man halte das Glas unter helles weißes Licht. Wenn die Objektive violett oder grün schimmern, sind sie vergütet. Bei weißen Reflexen hat das Glas keine Vergütung, da geht wertvolles Licht verloren, bevor es zum Auge kommt.
- Man betrachte einen Gegenstand im Gegenlicht und achte darauf, dass keine störenden Reflexe entstehen.
- Man schwenke langsam über die Schattenseite einer Hauswand zur besonnten Fläche. Wird der Schatten im Grenzbereich zur Sonnenfläche bereits milchig überstrahlt, neigt dieses Glas zu falscher Farb- und Lichtwiedergabe.
- Man betrachte eine verputzte Mauer aus mindestens 50 Metern Entfernung. Ein gutes Glas gibt alle Einzelheiten des Rauputzes scharf und kontrastreich wieder.
- Man schaue sich nachts einen hellen Stern an, stelle ihn in der Bildmitte scharf und schwenke zum Rand des Gesichtsfeldes. Erscheint der Stern dann unscharf oder verzerrt, ist die Optik nicht sehr gut.

Mit dem richtigen Fernglas kann der Naturfreund dem Vogel direkt ins Auge schauen, ohne von ihm entdeckt zu werden. Hier eine Graugans. (Foto: fotonatur.de/Sönke Morsch)

Viel hilft nicht immer viel

Wer jetzt mit einem äußerst stark vergrößernden Fernglas liebäugelt, liegt falsch. Ab zwölffacher Vergrößerung ist das Glas selbst mit einer ganz ruhigen Hand kaum noch zitterfrei zu halten, das Bild verschwimmt.

Zudem lässt sich ein fliegender Vogel nicht lange verfolgen, weil das Gesichtsfeld sehr eingeschränkt ist. Dazu sind diese Ferngläser meistens sehr schwer; kaum jemand kann sie schmerzfrei über einen längeren Zeitraum tragen.

Die Mehrzahl der Vogelbeobachter hat sich für ein acht- oder zehnfach vergrößerndes Glas entschieden, mit einem Durchmesser der Frontlinse zwischen 42 und 56 Millimetern. Da finden sich durchaus auch Modelle mit weniger als 800 Gramm Gewicht. Seit einiger Zeit lässt sich ein Trend zum Zweitglas feststellen, kleine Taschenferngläser (8 x 25, 10 x 25), die wahre Leichtgewichte sind und annehmbare optische Leistungen bringen. Diese Gläser bilden sogar im Nahbereich scharf ab. So lässt sich auch mal ein Schmetterling oder eine Libelle aus der Nähe gut ansehen.

Die Stiftung Warentest prüft in unregelmäßigen Abständen Ferngläser. Die Testberichte stehen im Internet unter dem Suchbegriff „Ferngläser" bei www.test.de – dort finden sich erste Tipps für die richtige Auswahl. Die Tester prüfen nicht nur optische Eigenschaften und das Preis-Leistungs-Verhältnis, sondern zusätzlich den Schadstoffgehalt in der Gummierung von Okular und Ummantelung.

Fernglaskauf am Abend

Die beste Zeit, ein Fernglas zu kaufen, ist abends nach einem anstrengenden Arbeitstag. Dann sind die Augen müde und gleichen beim Probesehen die optischen Fehler des Glases nicht mehr automatisch aus. Qualitätsunterschiede erscheinen deutlicher als bei wachen Augen.

Mit einem sehr stark vergrößernden Glas lassen sich fliegende Vögel wie diese Lachmöwe nur schwer verfolgen. (Foto: fotonatur.de/ Sönke Morsch)

Zaunkönige singen in den Morgenstunden sehr aktiv. (Foto: fotonatur.de/Sönke Morsch)

Die Vögel im Garten kennenlernen

Mit dem Bild der Vergleichsarten im Kopf, dem Fernglas um den Hals und dem Vogelbuch in der Hand geht es in den Garten. Wie ein vogelfreundlicher Garten aussieht, beschreiben Yvonne und Werner Lantermann ausführlich in ihrem beim Cadmos-Verlag erschienenen Ratgeber „Vögel im Naturgarten“.

Dieses Buch geht nur am Rand auf praktische Vogelschutztipps für Gartenfreunde ein. Grundsätzlich gilt: Je weiter ein Garten von der Ortsmitte zum Ortsrand hin liegt, umso mehr Vogelarten sind zu erwarten. Günstig ist ein angrenzender Wald. Dann kommen regelmäßig auch von dort gefiederte Gäste.

Der frühe Vogel fängt den Wurm

Vögel sind Frühaufsteher. Einige werden schon vor Sonnenaufgang munter und sind für zwei, drei Stunden sehr aktiv. Das ist die beste und schönste Tageszeit, um Vögel zu beobachten. Natürlich halten sich die gefiederten Nachbarn den ganzen Tag über im Garten auf. Doch zu anderen Zeiten sind sie weniger lebhaft und nicht so gut zu sehen. Erst gegen Abend, etwa ab drei Stunden vor Sonnenuntergang, sind die Vögel wieder etwas lebhafter.

Bei Regen und sehr starkem Wind kann der Vogelfreund getrost länger schlafen. Auch für Vögel ist das ungemütlich, und sie bewegen sich wenig. Kurz nachdem die Regenfront durchgezogen ist, wenn die Tropfen noch von den Blättern fallen, tobt das Vogelleben häufig regelrecht wieder.

Im Winter ist die Vogelschar am übersichtlichsten

Für Einsteiger ist der Winter eine gute Zeit. Die Zugvögel sind dann im Süden, und die Artenzahl im Garten ist überschaubar. Bäume und Büsche sind ohne Laub, die Vögel also leicht zu sehen. Zudem sind viele der Wintervögel recht bunt und damit einfach zu bestimmen. In aller Regel reicht dafür eines der Vogelbestimmungsbücher für Anfänger.

Das Schöne im Winter: Der Vogelfreund sitzt gemütlich bei einer Tasse Kaffee oder Tee in der warmen Stube und schaut draußen dem lebhaften Treiben am Futterhaus zu. In aller Ruhe blättert er im Vogelbuch und ermittelt die Namen der Gäste. Zu rechnen ist immer mit Kohl- und Blaumeisen, Grünlingen (auch Grünfinken genannt), Haus- und Feldsperlingen, Rotkehlchen und Amseln, zum Ortsrand hin erscheinen Buntspecht, Kleiber, Haubenmeise, Gimpel und vor allem in Dörfern auch Goldammern. Dazu kommen an manchen Tagen Zugvögel zum Futterhaus, wie Wacholderdrosseln, Buch- und Bergfinken, Stare, Erlenzeisige und Stieglitze. Da hat ein Vogelbestimmer ganz gut zu tun.

Bei einigen Arten lassen sich Männchen und Weibchen einfach unterscheiden. So trägt Herr Kohlmeise einen breiten schwarzen Schlips auf der gelben Brust und dem gelben Bauch. Frau Kohlmeise begnügt sich mit einem dünnen schwarzen und kurzen Kordelschlips. Andere Futterhausvögel, bei denen sich die Geschlechter mithilfe eines guten Bestimmungsbuches leicht unterscheiden lassen, sind Buntspecht, Amsel, Haussperling, Buchfink und Gimpel (heißt auch Dompfaff). Weitere Hinweise zu Beobachtungen am Futterhaus finden sich im Kapitel „Nachbarschaftshilfe für die gefiederten Mitbewohner".

Haubenmeisen lassen sich im Sommer nur schwer beobachten, im Winter erscheinen sie im Garten. (Foto: fotonatur.de/ Frank Derer)

Im Frühjahr wächst die Vogelschar

Bis zum Frühjahr kennt ein Anfänger viele der herkömmlichen heimischen Standvögel, und es fällt ihm leichter, die Neuen zu bestimmen, wenn sie nach und nach aus dem Süden zurückkommen. Ab Mitte Februar bis in den Mai hinein erscheint ungefähr alle drei bis vier Tage ein neuer Ankömmling im Garten. Als eine Folge der Klimaerwärmung kommen viele Zugvögel jetzt zwei bis drei Wochen eher zurück als noch vor 20 Jahren. Zu den auffälligsten dieser Frühheimkehrer zählen Feldlerchen, Singdrosseln und Bachstelzen.

Gute Möglichkeiten, diese „neuen" Vögel aus der Nähe zu sehen, bieten neben Futterplätzen zusätzlich Vogeltränken und Sandbäder.

Ein heißer Tipp, um Gartenvögeln in Ruhe zuzuschauen, ist die Zeit gleich nach dem Rasenmähen. Wenn der Lärm vorbei ist, landen viele Vögel auf dem kurzen Rasen und suchen Würmer, Insekten oder andere Leckereien.

Bergfinken gehören im Vorfrühling zu den ersten Zugvögeln im Garten. (Foto: tierfotoagentur.de/Thomas Harbig)

Beobachtungstipp: Die Stunde der Gartenvögel

- Günstiger Ort: der eigene Balkon, jeder Garten oder Park in Dorf und Stadt
- Günstige Jahreszeit: ein Wochenende im Mai, nach Angaben des NABU
  Günstige Tageszeit: vormittags eine Stunde lang
- Ausrüstung: Fernglas, einfaches Bestimmungsbuch, Notizzettel

Bei der „Stunde der Gartenvögel" sind Vogelfreunde aufgerufen, eine Stunde lang alle Vögel, die sie in ihrem Garten, im Park oder vom Balkon aus beobachten, zu notieren und dem NABU-Naturschutzbund zu melden. Im Mittelpunkt der Aktion stehen vor allem häufige und allgemein bekannte Vogelarten.

Nach den Ergebnissen der Aktionen in den letzten Jahren sind Haussperling und Amsel bundesweit mit Abstand die häufigsten Vögel in Städten und Dörfern, gefolgt von Kohlmeise, Star, Blaumeise, Mehlschwalbe, Elster, Mauersegler, Grün- und Buchfink.

Hinweise zu der Aktion erhält man bei den örtlichen NABU-Gruppen oder im Internet unter www.Stunde-der-Gartenvoegel.de. Hier findet sich eine Liste der 40 häufigsten Gartenvögel mit Bildern und Vogelstimmen, und die Meldungen lassen sich dort online eingeben.

In Bayern und Österreich sind die Vogelfreunde Anfang Januar zusätzlich zur „Stunde der Wintervögel" aufgerufen. Informationen dazu in Bayern bei www.stunde-der-wintervoegel.de und in Österreich www.stunde-der-wintervoegel.at.

Wer daran Spaß hat, kann jeden Monat seine private Stunde der Gartenvögel abhalten und sehen, wie sich im Jahreslauf die Vogelwelt rings ums Haus verändert. Angenehmer Nebeneffekt: Man lernt bei solchen Aktivitäten die heimischen Wildvögel noch besser kennen.

Stare werden von den Beobachtern oft gemeldet. (Foto: fotonatur.de/Jenny Schwebel)

Fotos knipsen und den Vogel erkennen

Hier wird bewusst von „Knipsen“ gesprochen und nicht von „Fotografieren“. Vogelfotografie ist ein sehr schönes Hobby. Um jedoch wirklich gute Bilder zu bekommen, sollte der Fotograf die Vögel und ihr Verhalten schon gut kennen. Vogelfotografie ist hier nicht das Thema. Es geht um Gelegenheitsaufnahmen als Hilfe für die Vogelbestimmung.

Dafür genügt eine normale Digitalkamera mittlerer Preislage, wie es sie inzwischen in fast jeder Familie zum Ablichten der Familienfeste oder schöner Urlaubsmotive gibt. Eine fünffache optische Vergrößerung oder höher wäre nützlich, ist jedoch nicht unbedingt erforderlich. Man knipst den unbekannten Vogel am Futterhaus ein paar Mal. Das klappt sogar durch die Fensterscheibe. Die Fotos sind zwar nicht ganz brillant, aber um die Vögel zu bestimmen, reichen sie allemal.

Wenn nötig, vergrößert man die Fotos am PC. So lässt sich der Vogelname fast immer sehr schnell im Bestimmungsbuch finden.

Das Vogeltagebuch

Je nach Lage des Gartens werden nach und nach gut 20 Vogelarten rings ums Haus zu guten Bekannten. Da kann man schnell die Übersicht verlieren, vor allem wenn sich die Beobachtungsgänge in die weitere Umgebung

Es heißt, Bachstelzen kommen im Zuge des Klimawandels immer früher aus dem Winterquartier zurück. Wer sich jedes Jahr notiert, wann er die erste Bachstelze beobachtet hat, kann das selbst überprüfen. (Foto: Tierfotoagentur.de/Thomas Harbig)

Die versteckt lebenden Wintergoldhähnchen lassen sich mit „Spischen“ gut anlocken. (Foto: fotonatur.de/Frank Derer)

ausdehnen. Einige Vogelfreunde machen ein kleines Kreuzchen in ihr Bestimmungsbuch, um sich zu merken, welche Vogelart sie schon gesehen haben. Sie schreiben das Datum und den Ort der ersten Beobachtung dazu.

Aber vielleicht möchte man sich später noch einmal an mehr als nur den Namen erinnern. Da kommen plötzlich die dicken Kernbeißer für ein paar Tage ans Futterhaus - wie viele waren es, wie lange blieben sie? Wann kam im Frühjahr die erste Bachstelze aus dem Winteraufenthalt zurück - war das schon im Februar oder erst im März? Wann haben die Rauchschwalben ihr Nest im Hausflur gebaut und wann die anderen Schwalbenpaare im Carport oder im Stall? Wie viele Junge saßen in den Nestern? Haben die Schwalben zum zweiten oder gar zum dritten Mal in einem Jahr gebrütet?

Man kann sich das auf Zetteln aufschreiben und die in einem Ordner sammeln. Ein Vorteil einer Loseblattsammlung: Die Notizen lassen sich geordnet nach Beobachtungsgebieten, Verhaltensweisen oder anderen Kriterien abheften. Der Nachteil: Bei der Zettelwirtschaft geht schon mal ein Stück Papier verloren.

Ein kleines Notizbuch mit festem Umschlag hat sich bewährt. Es ist bei den Rundgängen immer dabei oder liegt auf seinem Platz auf der Fensterbank. Von einer bemerkenswerten Beobachtung sind mindestens folgende Angaben zu notieren: Vogelart, wenn möglich nach Männchen, Weibchen und Jungvogel gesplittet, Datum und Uhrzeit, Anzahl, Beobachtungsgebiet, Wetter. Dazu kommt das Verhalten, wie „Zug nach Westen“ oder „frisst Hagebutten“, „Streit mit dem Reviernachbarn“ und Ähnliches.

Wie sich Vögel anlocken lassen

Meisen fliegen auf „Spischen“ heran, Spechte hören gern auf Klopfen, der Kuckuck folgt dem eigenen Ruf.

Oft wispern und piepsen hoch oben in dichten Fichten Meisen. Sollen sie näher herankommen, hilft manchmal Spischen. Vorher vergewissere man sich aber lieber, ob Spaziergänger in der Nähe sind. Spischen sieht doch etwas albern aus. Da steht ein Mensch vor Bäumen oder Büschen, zischt gut vernehmlich mehrmals hintereinander: „Spschsch, spschsch, spschsch“, und starrt in die Wipfel.

Nach und nach turnen die Vögel nach unten, bis sie gut aus der Nähe zu sehen sind. Neben Meisen lassen sich auf diese Weise Goldhähnchen, Baumläufer, Rotkehlchen, Heckenbraunellen, Zaunkönige und andere Arten anlocken. Am besten klappt Spischen im Herbst und Winter.

Bei Spechten wirkt Spischen nicht so gut, sondern eher Klopfen. Da steht der Mensch im Wald und pocht mit seinem Walkingstock vier-, fünfmal an einen Baum und starrt in die Wipfel. Wenn er Glück hat, kommt ein neugieriger Specht heran, und der Beobachter erkennt, ob es ein Bunt-, ein Klein-, ein Mittel- oder im Gebirge ein Dreizehenspecht ist. Manchmal klappt es sogar, wenn man mit einem Kugelschreiber ans Fernglas schlägt.

Der Kuckuck ist Musikliebhaber. Erklingt auf einer Blockflöte das Lied vom Kuckuck und dem Esel, kommt er angeflogen. Manchmal reicht es, einfach „Kuckuck, Kuckuck!“ zu rufen, vor allem wenn man den Kuckuckssound und -rhythmus gut trifft.

Auch mit Tonband- oder CD-Aufnahmen lassen sich Vögel gut anlocken. Dazu mehr im folgenden Kapitel über die Vogelstimmen.

Die Nachtigall ist die berühmteste Sängerin der Vogelwelt. (Foto: fotonatur.de/Hans-Wilhelm Grömping)

Die Sänger im großen Vogelchor

„Huit-hüid-düie, tjuktjuktjuk, düh, düh, düh, lüh-lu-lüh-lüh-li-li, zezezeze, terrterrterrterr", so klingt, übersetzt in unsere Schriftsprache, der Gesang der Königin der Nacht, der Nachtigall. Zumindest wenn man nach den Umschreibungen in den Vogelbestimmungsbüchern geht. Vom hochgepriesenen Nachtigallenschlag, mit unvergleichlicher Klangfülle und wunderbaren Variationen, kommt da freilich nichts rüber.

In diesem Kapitel zum vielstimmigen Vogelchor gibt es Ratschläge, wie sich die einzelnen Sänger an ihrem Lied erkennen lassen. Oft hört man einen versteckten Vogel viel früher, als man ihn sieht. Der Gesang und die Rufe zählen zu den wichtigsten Merkmalen bei der Vogelbestimmung. Das Kapitel gibt auch Hinweise, wie sich mithilfe von CDs scheue Vögel leichter beobachten lassen, und außerdem Beobachtungstipps zu besonders auffälligen Solisten, die ihr Lied in einer Flugschau präsentieren.

„Kuckuck, Kuckuck!“, ruft's aus dem Wald

Es gibt noch kein befriedigendes Verfahren, Vogelstimmen durch Schriftzeichen darzustellen, zumindest keines, das Anfängern hilft, die Lieder der Vögel leicht zu erkennen. Der Kuckuck ist da eine rühmliche Ausnahme, er ruft seinen Namen in verständlicher Schreibschrift. Weitere Arten, deren Rufe in ihrem Namen wiederklingen, sind der Stieglitz mit „Stieg-litt“, der Pirol mit seinem flötenden „Pirol“, der Kiebitz mit „Kiee-witt“.

Auch ein kleiner, unscheinbarer olivgrüner Laubsänger hat den Namen von seiner gleichmäßigen Ruffolge: der Zilpzalp.

Monoton erklingen immer wieder nur zwei Silben: „Zilp-zalp, zilp-zalp“, minutenlang, manchmal mit kleinen Abweichungen wie „Zilp zelp zelp“, gelegentlich mit eingeschobenen leisen „Trrt“-Tönen. Das einfache Lied können sich Einsteiger in die Vogelkunde leicht merken. Der Zilpzalp ist fast überall in Gärten, Parks und lichten Laubwäldern zu Hause. Er singt ununterbrochen aus den Wipfeln hoher Bäume. Der Vogel ist dort zwar meist nicht zu sehen, doch hören reicht, um die Art zu bestimmen.

Am Beispiel des Zilpzalps wird jedoch auch deutlich, wie unterschiedlich wir Menschen ein und denselben Vogelruf hören: Die Engländer nennen ihn Chiffchaff und die Holländer Tjitjaf, in Tschechien heißt er Schitshalg und in einigen Alpentälern Zilzel. Jeder hört ein Vogellied etwas anders.

Mit „Stieg-litt, stieg-litt!“ ruft auch der Stieglitz seinen Namen. (Foto: fotonatur.de/Sönke Morsch)

Hörprobe am Sonntagmorgen

Es braucht einige Übung, bis Anfänger in der Vogelkunde die Stimmen der meisten einheimischen Vögel unterscheiden können. Doch selbst wer nur wenig Zeit für die Vogelbeobachtung hat, kann schnell und einfach zumindest die Vogellieder rund ums Wohnhaus erlernen.

Dafür setzt man sich an einem frühen Sonntagmorgen im Frühjahr in den Garten oder macht einen kleinen Rundgang ums Wohnhaus. Es reicht ein Radius von 200 bis 300 Metern. Auf Dachgiebeln, Schornsteinen, Stromleitungen und Baumwipfeln sitzen verschiedene Vögel und singen. Sie präsentieren sich völlig frei. Geht der Beobachter nicht zu dicht heran, bleiben die Sänger lange genug an einer Stelle sitzen, und es ist relativ leicht, die Namen mithilfe von Fernglas und Bestimmungsbuch herauszufinden. Von einem Standpunkt aus sind in der Regel fünf oder mehr Vogellieder gleichzeitig zu hören.

Doch nicht alle lassen sich so einfach merken wie Kuckuck oder Zilpzalp. Beispiele für Vögel im Siedlungsgebiet mit leicht zu lernenden Liedern sind: Amsel, Blaumeise, Buchfink, Grünfink, Hausrotschwanz, Haussperling, Kohlmeise, Mauersegler, Türkentaube und Ringeltaube. Die Lieder einiger dieser Arten kann man sich anhand kurzer Merksätze gut einprägen (siehe Kasten).

Abwechslungsreiche Vogelgesänge mit langen Strophen lassen sich jedoch kaum mithilfe solcher Eselsbrücken merken. Den Liedern von Rotkehlchen, Mönchsgrasmücke, Nachtigall und anderen großen Sängern muss man immer und immer wieder lauschen, um sie sich einzuprägen.

Grünfink im Anflug: Sein Lied können auch Anfänger leicht kennen lernen. (Foto: fotonatur.de/Sönke Morsch)

Am schönsten klingt es vom Stammplatz aus

Das Rotkehlchen, die Nachtigall und die anderen Solisten singen Tag für Tag aus dem gleichen Gebüsch oder vom selben Baumwipfel. Wer sich in die Lieder dieser Sänger einhören möchte, braucht nur regelmäßig an die gleiche Stelle zu gehen. Nach einiger Zeit hat man das Lied sicher im Ohr und erkennt es auch an anderen Plätzen.

Wer im Garten einer singenden Amsel, einem Buchfinken oder einem Hausrotschwänzchen zuhört und zusieht, stellt bald fest: Es singen nur die Männchen. Das gilt für fast alle Singvögel (Rotkehlchen sind da eine von den Ausnahmen). Die Weibchen singen nicht. Sie lassen nur kurze Kontakt- und Warnrufe hören.

Bei vielen Vogelarten, wie Singdrossel, Zilpzalp oder Nachtigall, lassen sich Männchen und Weibchen äußerlich nicht am Gefieder unterscheiden. Doch der Gesang verrät, wer der Herr ist.

Eine Goldammer auf ihrem Stammplatz.
(Foto: Tierfotoagentur.de/Winfried Schäfer)

Sprüche zu Vogelliedern

Buchfink
– der Gesang mit Fragezeichen am Schluss:

Sag, sag, sag, hast du meine Frau gesehen?
Bin, bin, bin, bin ich nicht ein schöner Bräutigam?
Hast du denn mein Liebchen nicht gesehen?
Genug g'suffa, was tut sich denn in der Politik?
Der Gesang klingt auch im „ La-la-la-la-Refrain"
des Volksliedes „ Es tönen die Lieder" an.

Kohlmeise
– das dreisilbige Frühlingsläuten:

Spinn dicke, spinn dicke.
Schinkendieb, Schinkendieb.
Sitz ich da, sitz ich da.
Sitz im Dreck, sitz im Dreck.
Ich sitz hier, ich sitz hier, in meinem Revier, in meinem Revier!

In der Schweiz:
Züri-zytig, Züri-zytig.
Zyt isch do, Zyt isch do.

Goldammer
– von Liebe, Bier und Frieden:

Es ist doch wirklich zuuuu schööööön.
Wie, wie, wie habe ich dich lliiiieb!
Sie, Sie, Sie, wolln Sie auch en Biiiiier?
Nie, nie, nie wieder Krieg!

Singdrossel
– liebt alte Vornamen und wiederholt öfter zwei- bis dreisilbige Wörter:

Hildegard, Hildegard, Hildegard,
Phillip, Phillip, Phillip, Phillip,
Hinrich, Hinrich, Hinrich,
David-Benedikt, David-Benedikt.

In Hamburg: Liesebetteken, Liesebetteken, kiek Korl, kiek Korl! (Liesbeth, schau mal, der Karl kommt!)

In der Schweiz:
Wo-hii? Wo-hii? Wo-hii?
Uf Bäärn? Uf Bäärn? Uf Bäärn?
Uf Büel, uf Büel, uf Büel.

Hausrotschwänzchen
– in der frühen Morgendämmerung:

Du f-f-fauler Strrrick, k-k-k-kommscht jetzt erscht nach Haus?
Doktor, Doktor, Doktor Grrzimek.

Ein schöner Bräutigam – der Buchfink. (Foto: fotonatur.de/Gerd Rossen)

Der Gesang als Gartenzaun

Amseln singen oft auf einem Dachgiebel, direkt daneben Hausrotschwänzchen auf dem Schornstein und der Buchfink auf dem Baum unmittelbar vor dem Haus. Doch nie lassen zwei Amseln gleichzeitig auf ein und demselben Dachgiebel ihr Lied erklingen, und in keinem Baum singen zwei Buchfinken zur gleichen Zeit. Der Nachbarfink hat seinen Singplatz mindestens 50 Meter entfernt und schmettert von dort sein Lied.

Irgendwo dazwischen liegt die Reviergrenze der beiden Finken, sozusagen der Gartenzaun. Denn ihr Lied heißt: „Hier wohne ich! Hier hat kein anderer Buchfink etwas zu suchen!“ Dabei stehen die Vögel regelrecht unter Zwang. Wenn der eine singt, muss der andere sofort antworten.

Der Befehl zu singen kommt vom „Männerhormon“ Testosteron. Mit den immer länger werdenden Tagen im Frühling kommt der Hormonhaushalt in Schwung, und die Gesangssaison wird eröffnet.

„Hier ist mein Revier!“, singt diese Mönchsgrasmücke. (Foto: fotonatur.de/Holger Duty)

Ausnahmen von den Gesangsregeln

Frühlingsgefühle im September:
Einige Vögel bekommen im Herbst wieder Frühlingsgefühle und singen. Einer mit ziemlich lautem Liebesgeflüster ist der Zilpzalp. Im Herbst braucht er jedoch kein Weibchen und auch kein Brutrevier. Er singt, weil ihm seine Hormone den Frühling vorgaukeln: Wenn im Herbst die Tage wieder so lang (oder so kurz) sind wie im Frühling, fließen die Hormone im September fast so wie im März. Und das heißt für den Zilpzalp: „Gesang ab!"

Ebenso singen Stare, Rotschwänzchen und einige andere Arten im Herbst noch einmal, manche beginnen sogar kurz, wieder ein Nest zu bauen.

Wintersänger:
Rotkehlchen singen das ganze Jahr hindurch, selbst mitten im Winter bei Frost und Schnee, und es singen sowohl Männchen wie Weibchen. Sie besetzen auf der Rast während des Durchzugs und im Winterquartier feste Reviere und verteidigen sie gegen Artgenossen. Auch Zaunkönige und Gartenbaumläufer singen im Winter.

Die Damen lieben schönen Gesang

Je besser ein Vogel singt, umso mehr Chancen hat er, ein erfolgreicher Familienvater zu werden. Die Weibchen erkennen an Stärke und Ausdruck des Liedes, ob ein Männchen gesund und erfahren ist und gute Erbeigenschaften mitbringt.

Die männlichen Rivalen hören, ob da ein schwacher oder ein starker Revierinhaber singt und ein direkter Kampf um das Gebiet aussichtsreich ist oder nicht.

Nach der Fortpflanzungszeit, wenn ab Ende Juni die Tage kürzer werden, sinkt der Hormonspiegel der Vogelmännchen wieder. Sie hören nach und nach auf zu singen, bis sie erst im Frühjahr wieder tirilieren.

Vogelstimmenführung

„Na endlich, da ist er ja! Mein Ritsche-Ritsche, hören Sie? Er ruft Ritsche-ritsche. Hören Sie?" Originalton einer Vogelstimmenführung morgens um sechs. Der Leiter ist begeistert: „Der Ritsche-Ritsche heißt richtig Trauerschnäpper, das kommt von Trauerfliegenschnäpper. Und dahinter singt jetzt die Klappergrasmücke. Die klappert so auf einem Ton. Hören Sie? Jetzt müssen wir mal einen Nistkasten suchen, damit wir den Trauerschnäpper auch schön sehen. Trauerschnäpper brüten fast nur noch in Nistkästen, und die Männchen singen davor. Ach, und was hör ich denn da? Eine Heckenbraunelle, die hatten wir heute auch noch nicht ..."

Der Gang durch Parks und Kleingärten dauerte gut drei Stunden. Am Ende haben die Teilnehmer 36 Vogelarten kennengelernt, na, besser gesagt, von 36 Vogelarten etwas gehört.

Meistens führen Vogelstimmenwanderungen in Gebiete mit einer reichhaltigen Vogelwelt. Da kommt schnell eine verwirrende Anzahl an Arten zusammen. Einsteiger sollten sich outen und dem Leiter gleich

Wie ein Trauerschnäpper singt, lernt man am besten bei einer Vogelstimmenführung. (Foto: fotonatur.de/Hans-Wilhelm Grömping)

sagen, dass sie zunächst mal zum Beispiel nur Zilpzalp, Kohlmeise und Buchfink unterscheiden lernen möchten und sich die anderen Sänger für später vormerken. Oder sie sollten anregen, eine Vogelstimmenführung speziell für Anfänger durchzuführen.

Vogelstimmenführungen sind aber grundsätzlich eine der besten Gelegenheiten, die Lieder der Vögel zu erlernen. Man sollte so oft wie möglich daran teilnehmen. Die örtlichen Naturschutzverbande oder die Volkshochschulen veranstalten solche Führungen. Im Frühjahr stehen die Treffpunkte in der Tageszeitung. Die Rundgänge dauern im Allgemeinen zwei bis drei Stunden, und die Leiter bringen den Teilnehmern nicht nur die Vogelstimmen näher, sondern berichten über die Biologie der Vögel und interessante aktuelle Beobachtungen in der jeweiligen Region.

Vogelkonzert im Wohnzimmer – die Vogelstimmen-CD

Die Tontechnik für Vogelbeobachter entwickelt sich rasant. Zurzeit nutzen Vogelfreunde CD, MP3, Diktiergeräte, Handy, iPod, Laptop. Es ist schwierig, hier die richtige Technik zu empfehlen – denn was heute cool ist, kann morgen schon wieder total out sein. Wenn im Folgenden von CD und CD-Player die Rede ist, steht das zugleich als sinnverwandtes Wort für die anderen Techniken. Man wähle das, was am besten zu einem passt.

Vogelstimmen-CDs finden sich am ehesten im Buchhandel im Regal mit den Bestimmungsbüchern.

Der Pirol kommt im Mai und Juni nah heran, wenn er sein Lied von einer CD hört. (Foto: Tierfotoagentur.de/Dirk Vorbusch)

Bei einigen Anbietern im Internet lassen sich die Vogellieder zur Probe online anhören.

Die CD ergänzt allenfalls das Hören in der Natur. Im Zimmer abgespielt, machen die Töne aus der Vogelkehle zum Teil einen ganz anderen Eindruck als draußen. Dazu kommen häufig eine nur mäßige technische Qualität der Tonaufnahmen und eine begrenzte Auswahl aus dem Gesamtrepertoire der einzelnen Vogelart.

Dennoch hören viele Vogelbeobachter immer mal wieder in eine Vogelstimmen-CD hinein. Das hilft das Gehör zu trainieren, das Gedächtnis aufzufrischen und ähnliche Vogelstimmen miteinander zu vergleichen. Mittlerweile lassen sich Vogelstimmen auf den verschiedensten Wiedergabegeräten bequem mit nach draußen nehmen, per Kopfhörer abhören und mit den Naturgesängen vergleichen.

Gesang lockt Vögel aus den Büschen

Eifersucht macht Vogelmännchen leichtsinnig. Hört es ein Zilpzalp in der Nähe seiner Partnerin „zilpzalpen“, dann verliert er alle Scheu und kommt aus den Baumwipfeln zum Boden herab. So verhält er sich auch, wenn der vermeintliche Rivale aus der Jackentasche eines Menschen singt.

Sobald Vögel ihr arteigenes Lied hören, reagieren sie stark erregt. Sie scheinen die Umgebung zu vergessen, nicht nur beim Naturgesang, sondern auch, wenn das Lied von einer CD erklingt. So lassen sich scheue Vögel aus ihren Verstecken locken, indem man ihnen ihren Gesang vorspielt. Man sollte dieses Spielchen jedoch nicht länger als fünf Minuten treiben, mehr würde den Brutablauf zu sehr stören. Wiedergabegeräte mit Minilautsprechern gibt es in verschiedensten Modellen im Handel.

Auf den Sound kommt es an

Bei komplizierten Vogelliedern wie dem von der Feldlerche bleibt oft gar nichts anderes übrig, als sich auf die Klangfarbe zu konzentrieren. Viele Vogelarten singen in einem für sie ganz typischen Sound. Jedermann hört den Unterschied von Geige, Trompete, Mundharmonika und Flöte.

So ähnlich ist das auch bei den Vogelstimmen: Die Amsel hat den vollen Flötenton, der Zaunkönig schmettert eher metallisch, das Rotkehlchen lässt die Töne perlen. Nach einiger Zeit hat man sich den Klang einer Art einigermaßen eingeprägt.

Beobachtungstipp: Das Lied der Feldlerche

- **Günstiger Ort:** Felder, Wiesen und Brachflächen
- **Günstige Jahreszeit:** Ende Februar bis Ende Mai
- **Günstige Tageszeit:** ein sonniger, windstiller Morgen

Generationen von Dichtern haben die jubilierenden Lerchen besungen, wenn sie hoch oben am Himmelszelt den Lenz begrüßen, befreit von aller Erdenlast. Und selbst weniger romantische Gemüter möchten die tirilierenden Frühlingsboten nicht missen.

Ein sonniger, windstiller Märzmorgen ist für Vogelstimmenlehrlinge die beste Zeit, um sich den Gesang der Feldlerche einzuprägen. Das geht ohne Fernglas, ohne Bestimmungsbuch und ohne CD. Wenn hoch oben in der Luft ein Vogel fast auf der Stelle fliegt und mindestens eine Minute lang ununterbrochen singt, dann musiziert ein Feldlerchenmännchen.

Beim Erkennen des Lerchenliedes hilft allerdings kein Merksatz vom „Schmucken Bräutigam" oder „Sitz ich da". Der Gesang ist eine Aneinanderreihung rollender, zirpender und flötender Töne, die wiederholt und variiert werden. Vogelstimmenforscher haben im Gesang der Feldlerchen über 700 verschiedene Motive festgestellt.

Feldlerchen singen im Flug. (Foto: fotonatur.de/Stefan Ott)

Beobachtungstipp: Der Singflug des Baumpiepers

- **Günstiger Ort:** Waldränder und Lichtungen
- **Günstige Jahreszeit:** Mitte April bis in den Juni hinein
- **Günstige Tageszeit:** bei schönem, sonnigem Wetter bis in den späten Vormittag hinein

Schon eine dreiviertel Stunde vor Sonnenaufgang erwachen die Männchen der Baumpieper und beginnen für rund eine Stunde mit einem leisen Zwitschergesang. Danach putzen sie sich gründlich und frühstücken ausgiebig. Erst dann fliegen sie los und singen den vollen Reviergesang.

Baumpieper sind ungefähr spatzengroß, unauffällig braun-weiß-grau gestreift, mit spitzem Schnabel. Am besten lassen sie sich an ihrem Lied erkennen.

Wie die Feldlerche kombiniert der Baumpieper den Gesang mit einer eindrucksvollen Flugschau. Startpunkt ist normalerweise die Spitze eines Baumes oder Busches, gelegentlich steigt der Vogel von einem Zaunpfahl oder Maulwurfshaufen aus auf. Er fliegt singend hoch empor. Wenn er den Gipfelpunkt seines Fluges erreicht hat, gleitet er wie ein Fallschirm mit weit gespreizten Flügeln im weiten Bogenflug wieder nach unten und ruft laut und wohlklingend: „Ziiiha, ziiiha, ziiiha, ziiiha!" Das ist sein Markenzeichen. So verhält sich nur ein Baumpieper.

Nach wenigen Augenblicken startet der Pieper zur nächsten Flugschau. Falls nicht, lässt er sich manchmal dazu provozieren. Man gehe nur langsam ein paar Schritte auf ihn zu.

Zum Reviergesang starten Baumpieper manchmal von Zaunpfählen aus. (Foto: Tierfotoagentur.de/A. Trunk)

Tirilieren ohne Ende

Im Gegensatz zu den kurzen Strophen vieler Singvögel orgeln Lerchen pausenlos ihr Lied. Im Schnitt dauert eine Arie vier Minuten, ganz eifrige Sänger sollen schon über eine Stunde lang nonstop gesungen haben. Und scheinbar holen sie zwischendurch nicht ein einziges Mal Luft.

Vögel atmen völlig anders als wir Menschen. Die Lunge ist für die großen Sänger erstaunlich klein. Sie ist fest mit dem Brustkorb verwachsen und kann sich kaum ausdehnen. Sie besteht nicht aus geschlossenen Lungenbläschen, sondern aus durchlässigen Röhrchen. Beim Einatmen strömt die Luft hindurch und landet in den sogenannten Luftsäcken. Das sind hauchdünne Hautballons. Sie erstrecken sich durch den ganzen Vogelkörper, überall wo etwas Platz ist zwischen Muskeln, Därmen und Knochen. Sie wirken wie Blasebälge. Je nach Art besitzen die Vögel zwischen sieben und elf Luftsäcke.

So können Vögel gleichzeitig atmen und singen. Wie Dudelsackpfeifer pressen sie die Luft aus den Blasebälgen in den Stimmkopf der Kehle, wo der Gesang entsteht. Bei den Feldlerchen helfen zusätzlich die Flugbewegungen, die Luft gleichmäßig aus den Luftsäcken strömen zu lassen.

Der Singflug ergänzt den Reviergesang

Fluggesänge wie bei Feldlerchen oder Baumpiepern sind vor allem bei Vogelarten der offenen Lebensräume üblich, wie Acker- und Wiesenlandschaften, Brachflächen und Heidegebiete. Hier zahlt es sich

Typisch Kiebitz: Schauflug mit Revierruf. (Foto: fotonatur.de/Sönke Morsch)

Vater Spatz versorgt seine Söhne nicht nur mit Futter.
Er bringt ihnen auch das richtige Tschilpen bei.
(Foto: fotonatur.de/Sönke Morsch)

für die Männchen aus, den Gesang mit einer Flugschau zu kombinieren. Das ist weit zu sehen und bedeutet das Gleiche wie das Lied der Arten in Wald und Stadt: Dieses Revier gehört mir! Wiesenschafstelzen singen im Flug über Raps- und Weizenäckern, Dorngrasmücken von Büschen am Wegesrand.

Hierzu passt ebenfalls der auffallende Flatterflug vom Kiebitz. Mit ihren abgerundeten Flügeln vollführen die Männchen atemberaubende Manöver in der Luft, um den Weibchen zu imponieren und das Revier abzugrenzen. Ähnlich verhalten sich, dort wo es sie noch gibt, Große Brachvögel, Rotschenkel und Uferschnepfen.

Spatzen singen kanarisch

Schon der Philosoph Immanuel Kant (1724–1804) schrieb in seiner Abhandlung „Über Pädagogik" im Jahr 1803 über Haussperlinge: „Um sich zu überzeugen, dass die Vögel nicht aus Instinkt singen, sondern es wirklich lernen, lohnt es der Mühe, die Probe zu machen und etwa die Hälfte von ihren Eiern den Kanarienvögeln wegzunehmen und ihnen Sperlingseier unterzulegen, oder auch wohl die ganz jungen Sperlinge mit ihren eigenen Jungen zu vertauschen. Bringt man diese nun in eine Stube, wo sie die Sperlinge nicht draußen hören können, so lernen sie den Gesang der Kanarienvögel, und man bekommt singende Sperlinge."

Schon damals also war bekannt: Vogelgesang ist nicht angeboren. Biologen vom Max-Planck-Institut für Ornithologie in Seewiesen in Oberbayern haben den von Kant beschriebenen Versuch wiederholt und viele Ähnlichkeiten in der Entwicklung der Sprache bei Menschenkindern und Vogeljungen festgestellt. So führt zum Beispiel soziale Isolation in beiden Fällen zu völlig unnormalen Lautäußerungen. Die Versuche bestätigten im Wesentlichen, was Kant schon beschrieb: Von Kanarienvögeln aufgezogene Spatzen lernen fast tongenau den Kanarien-Triller.

Der Papa ist der Vorsänger

Vorbild für die jungen Haussperlinge im Versuch war der Gesang des Pflegevaters. In der Natur ist der echte Vater der anerkannte Vorsänger. Bleibt die Frage, wie ein Buchfinkjüngling das richtige Lied lernt, wenn im Garten gleichzeitig eine Amsel, ein Rotkehlchen und sein Vater singen.

Das ist dann doch im Erbgut programmiert. Der kleine Buchfink hört als Nestling aus dem vielstimmigen Vogelchor genau das Lied seines Vaters heraus und prägt es sich in seinem Langzeitgedächtnis ein. Diese Melodie behält der Sohn ein Leben lang im Ohr. Erst im folgenden Frühjahr erinnert er sich daran und beginnt zu üben. Es genügt, wenn die jungen Vogelmännchen nur einmal den arteigenen Gesang hören, und sie singen richtig.

Neben der Revierverteidigung und dem Anlocken der Weibchen ist dies der dritte Grund, warum Vögel singen: Die Väter geben ihr Lied an die Söhne weiter.

Charakteristisch für den Turmfalken: der Rüttelflug. (Foto: fotonatur.de/Tanja Askani)

Vögel erkennen im Flug

„Da kommt er angeschossen, flach über die Wiese, ein Sperber! Sehr schön." Der Leiter der Vogelstimmenführung an diesem Morgen im Mai war richtig aufgeregt. Bis der Sperber auf einmal „Kuckuck!" rief. Eine klassische Verwechslung, die selbst erfahrenen Vogelkundlern immer wieder passiert. Der Flug eines Kuckucks gleicht sehr dem Flug eines kleinen Greifvogels.

Im Flug sind Sperber (oben) und Kuckuck (unten) leicht zu verwechseln.
(Foto oben: fotonatur.de/Sönke Morsch)
(Foto unten: Tierfotoagentur.de/Tomas Harbig)

Ein weiteres Beispiel dazu: Ein Kuckuck ruft aus einem Wäldchen, dann kommt er von dort übers offene Feld angeflogen, steigt plötzlich ein paar Meter empor und rüttelt. Da rief der Kuckuck nur im Wald, angeflogen kam ein Turmfalke. Ein Kuckuck rüttelt nicht im Flug.

In diesem Kapitel geht es darum, dass viele Vogelarten ihre für sie charakteristische Art zu fliegen haben und auch das ein Merkmal bei der Bestimmung sein kann. Die besseren Vogelbestimmungsbücher enthalten Hinweise auf Flügelform, auffallende Flügelabzeichen oder die Art zu fliegen. Allerdings ist die Verwechslungsgefahr mit anderen Arten sehr groß.

Deshalb ist man sich selbst gegenüber ehrlicher, wenn man die nur mal schnell vorbeifliegenden Vögel in die Kategorie „Weg-ist-er!“ einstuft.

Mit einiger Übung lernt man aber doch, die Vögel im eigenen Garten am Flug zu unterscheiden. Da ist es dann nicht mehr nötig, jedes Mal zum Fernglas zu greifen, wenn ein Star vorüberfliegt oder eine Ringeltaube durchstartet.

Einige Flugformen stoßen bei den Naturfreunden immer wieder auf große Aufmerksamkeit: der Rüttelflug des Turmfalken, der Segelflug kreisender Bussarde, die Keilformation ziehender Kraniche und Wildgänse und die Schwärme von Staren und einigen Küstenvögeln.

Beobachtungstipp Turmfalke

- **Günstiger Ort:** Felder, Wiesen, Brachflächen
- **Günstige Jahreszeit:** frühes Frühjahr bis in den Spätherbst
- **Günstige Tageszeit:** den ganzen Tag über, bis in die Dämmerung hinein
- **Ausrüstung:** Ein Fernglas ist nützlich, um Männchen, Weibchen und Jungfalken auseinanderzuhalten.

Im Allgemeinen gelten die schnittigen Falken als blitzschnelle Überraschungsjäger. Für Wanderfalken stimmt das. Turmfalken gehen das Leben gemütlicher an. Sie setzen auf den Rüttelflug statt auf rasante Jagd.

Turmfalken sind so groß wie Tauben, aber viel schlanker, mit langen spitzen Flügeln. Die Grundfärbung ist rostbraun mit dunklen Punkten. Sie gehören zu den häufigsten Greifvögeln in Mitteleuropa und sind sowohl in Dörfern und Städten und als auch in der offenen Landschaft zu Hause.

Turmfalkenmännchen.
(Foto: fotonatur.de/Tanja Askani)

Festgenagelt in der Luft

Das Markenzeichen der Turmfalken ist der Rüttelflug, einfach Rütteln genannt. Dabei stehen sie hastig flügelschlagend an einer Stelle in der Luft, fast wie festgenagelt. Sie spähen nach Feldmäusen aus.

Trotz des Gewackels können Turmfalken unten auf dem Boden eine Maus mit erstaunlicher Genauigkeit erkennen. Selbst bei Wind halten die rüttelnden Vögel den Kopf perfekt an einer Stelle. Filmaufnahmen zeigten: Die Schnabelspitze eines zehn Meter über der Erde rüttelnden Falken schwankt um höchstens vier Millimeter. So können die Augen eine Maus am Boden punktgenau ausmachen.

Rütteln ist zwar ein gutes Merkmal, um einen Turmfalken zu bestimmen, aber auch der seltene Rotfußfalke rüttelt. Er fliegt allerdings nur alle paar Jahre mal in kleinen Gruppen bei uns ein. Verwechslungen sind ebenfalls mit den manchmal rüttelnden Bussarden möglich.

Nebel macht die Vögel größer

Und nun sage keiner, Bussarde seien doch viel größer als Turmfalken. Zum einen kann die Entfernung des rüttelnden Vogels über seine Größe täuschen, zum anderen jedoch auch die Sichtverhältnisse. Diesige, neblige Sicht lässt die Vögel größer erscheinen. Da ist ein Turmfalke schon mal scheinbar so groß wie ein Bussard.

Bussarde rütteln ebenfalls auf der Mäusejagd. Dabei handelt es sich zum einen um die bei uns häufig brütenden Mäusebussarde und zum anderen um die im Winter aus Nord- und Osteuropa einfliegenden Raufußbussarde. Manchmal heißt es, nur die Raufußbussarde kennen den Rüttelflug. Das ist falsch. Beide Arten rütteln. Um sie sicher zu unterscheiden, sollte man auf jeden Fall Fernglas und Bestimmungsbuch parat haben.

Kreisende Greifvögel

Handelt es sich bei einem rüttelnden Greifvogel trotz aller Ausnahmen meistens um einen Turmfalken, sind ruhig in der Luft kreisende Greifvögel in unseren Breiten meistens Mäusebussarde. Kein Wunder, Mäusebussarde zählen zu den häufigen Vögeln. Sie sind in offenen Landschaften mit Äckern, Wiesen und Hecken zu Hause, immer mit angrenzenden größeren oder kleineren Wäldern, an deren Rand sie ihren Horst bauen.

Mäusebussarde sind das ganze Jahr über zu sehen, vom Flachland bis ins Gebirge. Sie leben in dünn besiedelten Gebieten bis an die Ränder von großen Städten. Sie schweben mit weit ausgebreiteten Schwingen, eng kreisend, wie von einer unsichtbaren Kraft gepackt, scheinbar schwerelos immer höher und höher. Schließlich ist nur noch ein kleiner schwarzer Punkt auszumachen.

Kreisende Greifvögel fliegen vor allen Dingen bei „Schönwetterlagen“. Dann können sie ohne großen Kraftaufwand die Aufwinde nutzen. Solche Aufwindzonen entstehen zum Beispiel an sonnenbeschienenen Hängen von Hügeln und Bergen oder an Waldrändern. Dort löst der Wind die warme Luft vom Boden. Segelnde Greifvögel lassen sich davon in die Höhe tragen. Die schönen, großen, weißen Quellwolken, auch als Kumuluswolken bekannt, zeigen solche Gebiete an. Über Wasserflächen und Wäldern entstehen tagsüber kaum Aufwinde, da sie die Sonnenwärme speichern und erst in den Abendstunden wieder abgeben.

Außer den Bussarden nutzen je nach Landschaft bis zu 15 weitere Greifvogelarten die Aufwinde mehr oder weniger häufig zu kreisenden Segelflügen, vom Fischadler über Wespenbussard, Rohrweihe und Habicht bis zu Seeadler und Wanderfalke.

Für den Einsteiger sind davon zwei Arten interessant, denn sie lassen sich nach ihrem Flugbild noch einigermaßen einfach bestimmen und jagen häufig auch am Rand von Ortschaften: Schwarzmilan und Rotmilan.

Mäusebussarde im Segelflug.
(Foto: fotonatur.de/Sönke Morsch)

Beobachtungstipp: Mäusebussard – die fliegende Katze

- **Günstiger Ort:** Wälder und Gehölze aller Art im Wechsel mit offener Landschaft, auch am Rand von Ortschaften
- **Günstige Jahreszeit:** das ganze Jahr über
- **Günstige Tageszeit:** Segelfliegen hängt von der Thermik ab, meist erst ab spätem Vormittag, zwischen 10 und 16 Uhr, im Juni bis 18 Uhr
- **Ausrüstung:** Fernglas ist im Winter unbedingt erforderlich, um Mäusebussard und Raufußbussard auseinanderzuhalten.

Charakteristische Kennzeichen des Flugbildes sind breite Flügel, der zwischen den Schultern eingezogene Kopf und ein vergleichsweise kurzer, abgerundeter Schwanz, der beim Kreisen weit gespreizt ist. Wenn der Vogel zudem noch durchdringend laut miaut wie eine Katze, kann man sicher sein, einen Mäusebussard vor sich zu haben.

Die Färbung ist für die Artbestimmung eher verwirrend. Gewöhnlich ist das Gefieder graubraun, auf der Unterseite heller, mit dunklen Tropfenflecken oder gebändert. Aber es gibt auch fast reinweiße Vögel und braune Färbungen in allen erdenklichen Übergängen bis hin zu einheitlich Schokoladenbraun – so dunkel wie edelbitter. Die unterschiedliche Gefiederfarbe ist kein Hinweis auf das Alter, das Geschlecht oder die Herkunft der Vögel. Selbst Jungvögel aus ein und derselben Brut können völlig unterschiedlich aussehen.

Die Flügelspitzen sind beim Segeln auseinandergespreizt und stets dunkel gefärbt. Auf den Unterflügeln befinden sich immer mehr oder weniger ausgedehnte weißliche Gefiederstellen. Sogar die dunklen, schokoladebraunen Mäusebussarde lassen sich daran eindeutig von den ähnlichen Rohrweihenweibchen oder Schwarzmilanen unterscheiden.

Wer mit der gesamten Bandbreite der verschiedenen Kleider der Mäusebussarde gut vertraut ist, hat es leichter, andere Greifvogelarten sicher zu bestimmen.

Bei Mäusebussarden gibt es eine große Variationsbreite in der Gefiederfärbung. (Fotos: fotonatur.de/Holger Duty)

Die Bestandszahlen der Rotmilane gehen leider deutlich zurück.
(Foto: Tierfotoagentur.de/Dirk Vorbusch)

Rotmilane werden seltener

Sehr bedenklich ist, dass die Bestandszahlen der Rotmilane in letzter Zeit deutlich zurückgehen. So sind Vogelkundler besonders an Mitteilungen über diese Art interessiert. Auch Gelegenheitsbeobachtungen helfen sehr, ein realistisches Bild über die aktuelle Situation zu erhalten. Deshalb sollte man jede Beobachtung eines Rotmilans melden. Wie das geht, ist im Kapitel „Vom Vogelfreund zum Freizeitornithologen“ nachzulesen.

Wer sich näher mit Greifvögeln und ihrer Bestimmung beschäftigen möchte, tut gut daran, zunächst an den Mäusebussarden vor seiner Haustür zu trainieren.

Beobachtungstipp: Rotmilan und Schwarzmilan

- **Günstiger Ort:** abwechslungsreiche Landschaften mit Feldern, Wiesen, Waldrändern, gern an Seen und in Flusstälern, zudem an Mülldeponien
- **Günstige Jahreszeit:** Mitte März bis Oktober, Balzflüge bis Mitte Juni
- **Günstige Tageszeit:** 9 bis 12 Uhr und 16 Uhr bis Sonnenuntergang
- **Ausrüstung:** Fernglas ist nützlich, um den Gabelschwanz eindeutig zu erkennen.
- **Besondere Beobachtungen:** Ab Juli sammeln sich Milane bereits nachmittags zu Schlafplatzgemeinschaften von mehreren Vögeln.

Rotmilan und Schwarzmilan sind beide etwa bussardgroß, und sie sind bei uns die einzigen Greifvögel mit gegabeltem Schwanz. Um im Flug zu steuern, bewegt sich der Schwanz beim Segeln dauernd.

Die Vögel wenden und spreizen ihn ständig. So ist die Gabelung nicht immer so perfekt zu erkennen, wie die Bilder in den Bestimmungsbüchern sie zeigen. Man muss jedes Mal genau hinsehen.

Am schwach gegabelten Schwanz gut zu erkennen: ein Schwarzmilan im Flug. (Foto: Tierfotoagentur.de/Fotofeeling)

Gemeinsam sind wir stark – Vogelschwärme

Für Vogelfreunde, die im Sommer und Herbst an Nord- und Ostsee ihren Urlaub verbringen, gehören die wie Rauchwolken über den Horizont fliegenden Vogelschwärme zum Eindrucksvollsten, was die Natur an der Meeresküste zu bieten hat. Tausende Strandläufer fliegen in riesigen Wolken fantastische Flugmanöver. Im rasanten Schwarmflug formen sie Bänder, Trichter und Kugelhaufen. Nie gerät die Flugformation durcheinander, nie kommt es zu einem Zusammenstoß. Die Vögel bilden wohl so große Schwärme, um Greifvögel zu verwirren. Sperbern und Falken fällt es sehr schwer, in dem dichten Gewimmel ein Ziel genau anzupeilen und einen einzelnen Vogel zu ergreifen.

Alpenstrandläufer bilden riesige Schwärme.
(Foto: fotonatur.de/Sönke Morsch)

Starenschwarm vor der Haustür

Man braucht gar nicht ans Meer zu reisen, um Vogelschwärmen bei ihrer Flugschau zuzusehen. An manchen Abenden im Spätsommer lassen sich fast überall auch im Binnenland die Stare beim Schlafplatzflug beobachten. Sie formen ebenfalls sehr große Schwärme mit wunderbaren Flugspielen, bis sie schließlich am Schlafplatz einfallen. Manchmal sind es einige Tausend.

An den Vorsammelplätzen treffen die ersten Stare etwa eine halbe Stunde vor Sonnenuntergang ein. Das sind oft Hochspannungsmasten oder einzelne Baumgruppen. Aus allen Richtungen kommen kleine Schwärme an. Erst wenn die Sonne hinter dem Horizont verschwunden ist, fliegen die Vögel zum eigentlichen Schlafplatz. Der liegt häufig in großen Schilfgebieten, in dichtem Gebüsch oder in Baumkronen, nicht selten mitten in Städten, oft in der Nähe viel befahrener Straßen. Lärm und Autoscheinwerfer stören die Stare offenbar nicht.

Bevor die Vögel endgültig einfallen, drehen sie noch ein paar Runden. Die Vogelwolke ballt sich zusammen, driftet auseinander, bildet immer neue Formen, wabert hin und her, bis sie schließlich im Schilf verschwindet. Ruhe ist dann noch lange nicht. Bis tief in die Nacht hinein schwatzen die Stare an ihrem Schlafplatz.

Oft suchen die Stare über Jahrzehnte immer wieder die gleichen Schlafplätze auf. Je weiter man in Deutschland nach Süden kommt, umso größer ist die Chance, die Schwärme den ganzen Winter über an ihren Schlafplätzen anzutreffen. Als eine Folge des Klimawandels gewöhnen es sich immer mehr Stare an, in der kalten Jahreszeit bei uns zu bleiben und nicht mehr so weit in den Süden zu ziehen.

Wer in seiner Umgebung noch keinen Starenschlafplatz kennt, kann sich im Prinzip nach dem Beobachtungstipp zum Amselschlafplatz im ersten Kapitel „Wie heißt mein Nachbar?“ richten.

Stare brauchen keinen Boss

Hinter den tanzenden Vogelwolken steht kein Regisseur. Wie Zeitlupenaufnahmen von Starenschwärmen zeigen, fliegt ein einzelner Vogel plötzlich auffällig ein Stück zur Seite und macht damit den Anfang. Die Nachbarn folgen ihm und in Bruchteilen von Sekunden breitet sich die Bewegung im ganzen Schwarm aus. Der Impuls geht nicht immer vom selben Vogel aus, also von einem Chef. Das nächste Mal fängt ein anderer Star an und dann wieder ein anderer. Das kann an jeder beliebigen Stelle in der Vogelwolke sein. Bei uns Menschen muss einer das Sagen haben, sonst gibt es ein großes Kuddelmuddel. Bei Staren gilt das nicht.

Die fliegende Eins am Oktoberhimmel

Ab Oktober ist mit den ersten fliegenden Einsen zu rechnen: Vogelzüge, die hoch am Himmel in Keilformation nach Südwesten oder Westen fliegen und wie eine Eins aussehen, mit einem Vogel an der Spitze, dem links und rechts zwei unterschiedlich lange Vogelreihen folgen. Vor allem Kraniche und Wildgänse sind dafür bekannt. Dieses Naturschauspiel können insbesondere Vogelfreunde im nördlichen und mittleren Deutschland beobachten. Südlichere Regionen liegen am Rand der Zugwege, dort lassen sich die Vogelkeile nur gelegentlich blicken.

Rund 150 000 Kraniche ziehen in Wellen bis in den Dezember hinein Richtung Spanien. Sie kehren ab Februar wieder zurück. Die Wildgänse überqueren je nach Witterungsbedingungen den ganzen Winter hindurch Norddeutschland; sie fliegen ebenfalls ab Februar wieder Richtung Osten und Norden.

Flugreisen in Keilformation sind für die verhältnismäßig großen und schweren Kraniche kraftsparender als Alleinflüge. Der Vogel an der Spitze hat die meiste Arbeit. Er fliegt praktisch die ganze Zeit im Ruderflug. Dabei verursachen seine Flügel Verwirbelungen in der Luft.

Auf diesen Wirbelkissen können die folgenden Vögel zumindest stückchenweise immer mal wieder segeln, ohne mit den Flügeln schlagen zu müssen. Das erspart ihnen viel Kraft.

Da Wildgänse kleiner als Kraniche sind, kommt es bei ihnen zwischendurch kaum zu Segelphasen. Die verhältnismäßig kurzen Flügel des Vordermanns wirbeln die Luft nicht ausreichend auf. Die Nachfolger fliegen also ständig im Ruderflug, aber das fällt ihnen auf den Verwirbelungen ebenfalls leichter. An diesem unterschiedlichen Flugverhalten lassen sich die Vögel auch ohne Fernglas unterscheiden, wenn sie in größerer Höhe ziehen. Wildgänse rudern ständig mit den Flügeln, Kraniche legen Segelphasen ein. Mit einem Fernglas sieht man: Kraniche haben sehr viel längere Hälse und Beine als Wildgänse.

Wer einem Vogelkeil eine Weile zusieht, sieht hin und wieder, wie sich der Leitvogel nach einer gewissen Zeit ans Ende der Formation zurückfallen lässt. Dort tankt er wieder Kraft. Ein anderer Vogel übernimmt die Spitze, bis er erschöpft ist und nach hinten absackt.

Beobachtungen von ziehenden Kranichen sammelt die Naturschutzorganisation „Kranichschutz Deutschland" und wertet sie einmal im Jahr aus. Melden kann man sie online unter www.kraniche.de/ZugMeldungen.

Der Vogel an der Spitze des Keils leistet die meiste Arbeit.
(Foto: fotonatur.de/Sönke Morsch)

Die jährliche Völkerwanderung der Vögel

Die Keile der fliegenden Wildgänse und Kraniche sind eine der auffallendsten Erscheinungen des Vogelzuges, doch sie sind ein sehr kleiner Teil der alljährlichen großen Wanderung. Jedes Jahr im Herbst verlassen viele Millionen Zugvögel ihre Brutgebiete und fliegen in den Winterurlaub gen Süden. Im Frühling überqueren sie wieder unser Land in Gegenrichtung. Dieses Zuggeschehen läuft überwiegend unauffällig im Stillen ab.

Hin und wieder bemerkt der Naturfreund zufällig Durchzügler. Da sitzen an einem Augustmorgen plötzlich 100 Kiebitze auf einem Acker, auf dem sie

Kiebitz auf Bahnschiene - ein echter Zug-Vogel.
(Foto: fotonatur.de/Sönke Morsch)

Das Rotkehlchen, das im Winter im Garten singt, ist meist nicht das aus dem Sommer. (Foto: fotonatur.de/Holger Duty)

in den letzten Monaten nie zu sehen waren. Nachmittags sind sie schon wieder fort. Anfang September sammeln sich die Schwalben auf den Stromleitungen im Dorf, bis auch sie eines Tages nicht mehr da sind. Oder im Oktober erscheinen im Hausgarten plötzlich winzige grüne Vögelchen mit schwarz-weiß-gelben Streifen auf dem Kopf. Sie sind überhaupt nicht scheu und suchen in den Büschen nach kleinen Beutetieren. Das sind ziehende Sommergoldhähnchen. Während der Brutzeit haben sie sich nur in Nadelwäldern aufgehalten. Auf dem Zug nach Süden durchstreifen sie auch Gärten und Laubwälder.

Zug- oder Standvogel?

Die herkömmliche Einteilung der Vögel in Zug- und Standvögel verwischt sich bei vielen Arten. Bei den Meisen zum Beispiel ziehen die Jungen häufig fort und die Alten bleiben zu Hause. Das Rotkehlchen aus dem Garten zieht im Allgemeinen weg, dafür erscheint im Spätherbst ein Rotkehlchen aus dem Norden.

Rund die Hälfte der bei uns heimischen Brutvögel sind Zugvögel. Dazu kommen noch Durchzügler, die weiter nördlich brüten, wie Rotdrosseln oder Bergfinken. Und dann gibt es die Wintergäste. Denen ist es bei uns schon warm genug, wie den Sing- und Zwergschwänen, Wildgänsen oder Saatkrähen und Dohlen.

Der sichtbare Vogelzug der am Tag ziehenden Arten konzentriert sich auf die frühen Morgenstunden. Dann sind beispielsweise Ringeltauben, Buchfinken und Stare unterwegs. Schwalben ziehen ebenfalls tagsüber, doch meist nicht zügig in eine Richtung. Sie bewegen sich verhältnismäßig langsam in weiten Bögen fliegend nach Süden und jagen dabei zugleich Mücken, Fliegen und Blattläuse.

Der Internationale Zugvogeltag

In ganz Europa schauen Vogelfreunde alljährlich am ersten Wochenende im Oktober gebannt in den Himmel. Dann ist das Internationale Birdwatch-Wochenende. Auch Gelegenheitsbeobachter können mitmachen. Ziel dieser Aktion ist es, europaweit einen Überblick über Arten und Anzahl der Zugvögel zu erhalten.

In vielen Ländern bieten Naturschutzorganisationen an diesem Wochenende besondere Programme an, bei denen auch Anfänger lernen können, Zugvögel zu erkennen. Weitere Informationen und Termine finden sich auch im Internet unter www.birdwatch.de.

Die wissenschaftliche Erforschung des Vogelzugs geschieht vor allem mithilfe der Vogelberingung; siehe dazu im letzten Kapitel den Abschnitt „Wir finden einen Vogelring".

Beobachtungstipp: Herbstzug der Tagzieher

- **Günstiger Ort:** Ein Aussichtsplatz mit weitem, freien Blick nach Norden und Nordosten, denn von dort kommen die Vögel; gute Stellen sind Berg- und Hügelkuppen, Aussichtstürme oder das Dach eines Hochhauses.
- **Günstige Jahreszeit:** Mitte September bis Ende Oktober
- **Günstige Tageszeit:** Sonnenaufgang bis 10 Uhr, nicht bei Nebel oder Regen
- **Ausrüstung:** Fernglas, Vogeltagebuch
- **Besondere Beobachtungen:** Als Bonbon bestehen gute Chancen, Greifvögel zu sehen. Neben Mäusebussard, Sperber und Habicht sind das manchmal sogar Wanderfalke oder Merlin.

Da Tagzieher meistens in breiter Front unser Land überfliegen, lässt sich vor allem der herbstliche Vogelzug fast überall auch von Einsteigern gut beobachten. Dazu geht man warm angezogen und mit einem Klappstuhl ausgerüstet frühmorgens zum Beobachtungsplatz und harrt der Dinge, die da kommen sollen. Je nach Wetter sind das in ein bis zwei Stunden erfahrungsgemäß zwischen 200 und 5000 Vögel.

Das ist schon ein Naturerlebnis für sich. Um es zu genießen, muss man nicht jede Vogelart genau bestimmen wollen.

Auch wer wenig Erfahrung hat, unterscheidet bald Ringeltauben, Bachstelzen oder Stare. Die Masse der in dieser Zeit ziehenden Trupps sind Buchfinken, Feldlerchen und Wiesenpieper. Um diese Arten sicher zu bestimmen, ist allerdings einige Übung erforderlich.

Eine Badestelle im Sommer ist für den Stieglitz echte Nachbarschaftshilfe. (Foto: Tierfotoagentur.de/Stefan Ott)

Nachbarschaftshilfe für die gefiederten Mitbewohner

Nachbarschaftshilfe für Vögel, das sind Futterhäuser, Nistkästen, Vogeltränken und Badestellen. Diese bewährten Vogelschutzmaßnahmen und die vogelfreundliche Gartengestaltung haben Yvonne und Werner Lantermann in dem beim Cadmos-Verlag erschienenen Ratgeber „Vögel im Naturgarten" ausführlich beschrieben (siehe Anhang). Im folgenden Kapitel gibt es Beobachtungstipps, zum Beispiel wie sich bei der Nistkastenkontrolle die ausgedienten Nester den Bewohnern zuordnen lassen. Außerdem geht es um Nachbarschaftshilfe für vermeintlich verlassene Jungvögel und die Frage, wie man den Anflug der Vögel gegen Fensterscheiben am besten verhindern kann.

Beobachtungen am Vogelfutterhaus

Ein Grünling am Vogelfutterhaus hat einen verkrüppelten Fuß. Bei einer Kohlmeise ist der Schwanz schief verbogen. Sie hat ihn wohl in ihrer zu engen Schlafhöhle krumm gelegen. Ein Amselmännchen schmückt sich mit drei strahlend weißen Federn im Schwanz. Diese drei Gäste lassen sich immer individuell erkennen. Hinkefuß landet stets zuerst im Rosenbusch links vom Futterhaus, bevor er anfliegt. Krummschwanz pickt nur das Fett aus dem Meisenring und lässt die Körner runterfallen. Weißschwanz frisst vorab ein paar Rosinen und dann erst Haferflocken.

An äußeren Merkmalen sowie bestimmten persönlichen Verhaltensweisen lassen sich einzelne Futterhausbesucher ganz gut unterscheiden – wenn man genauer hinschaut. So ist das Blau der Kopfplatte von Blaumeisen manchmal unterschiedlich verteilt. Bei Kohlmeisen lassen sich Einzeltiere hin und wieder gut an Form und Breite des schwarzen Bauchstreifens unterscheiden. Manche Amselmännchen haben ein nur ihnen eigenes Muster von schwarzen Flecken auf dem gelben Schnabel. Wer solche Merkmale skizziert oder digital fotografiert und am Computer vergrößert, erhält einen Steckbrief für diese Vögel.

Es wird nie langweilig, den Vögeln am Futterhaus zuzusehen. Das ist ein Naturerlebnis für die ganze Familie. Das Vogeltagebuch liegt immer griffbereit, so können alle Familienmitglieder gleich aufschreiben, was sie gesehen haben, zum Beispiel welche Arten um welche Uhrzeit gekommen sind, was die einzelnen Vögel am liebsten fressen, wer ängstlich ist und wer aggressiv. So lässt sich ganz nebenbei viel über das Verhalten der Vögel erfahren.

Manchmal sind Amseln weiß gefleckt, an dem Muster lassen sie sich individuell erkennen. (Foto: fotonatur.de/Steffen Schellhorn)

Ganzjährig füttern oder nicht?

Vielen Menschen bereitet die Vogelbeobachtung am Futterhaus große Freude. Wo sonst lassen sich die Gefiederten näher und müheloser studieren, ohne sie zu stören?

In Deutschland hieß es lange, man solle die Vögel nur im Winter füttern. Aber auch die durchgehende Fütterung im Sommer schadet nicht. Das ist inzwischen weitgehend anerkannt. In England machen das Vogelfreunde schon seit langer Zeit.

In der durch den Bau von Siedlungen, Straßen und Autobahnen, Flussbegradigungen und moderne Landwirtschaft gründlich veränderten Landschaft finden die Vögel auch im Sommer immer weniger Nahrung.

Damit geraten viele Arten in der Zeit der stressigen Jungenaufzucht zunehmend in Not. Langjährig betriebene Ganzjahresfutterstellen unterstützen bis zu 50 Vogelarten. Wissenschaftliche Untersuchungen ergaben bisher keinerlei Nachteile, wohl aber erhebliche Vorteile. Wenn Vögeln das ganze Jahr über zusätzlich Futter angeboten wird, brüten sie früher, legen mehr Eier, und es überleben mehr ihrer Jungen. Auch brüten bei ganzjähriger Fütterung mehr Vogelpaare in einem Garten. Es macht Spaß, den Vögeln an den Futterstellen zuzusehen. Außerdem schult es die Beobachtungsfähigkeit, fördert Naturverständnis und damit das Verantwortungsbewusstsein für Natur und Umwelt.

Feldsperlinge streiten sich am Sommerfutterplatz. (Foto: fotonatur.de/Sönke Morsch)

Ein bisschen Fett an der Baumrinde zeigt dem Gartenbaumläufer den Weg zum Futterhaus. (Foto: fotonatur.de/Frank Derer)

Wegweiser zum Vogelrestaurant

Bei viel Schnee und großer Kälte ist am meisten los am Futterhaus. In solchen Zeiten brauchen die Vögel extra viel Futter und kommen sogar von weiter her angeflogen. Besonders viele Arten erscheinen an Futterstellen, wenn Gärten in der Nähe eines Parks oder am Waldrand liegen.

Oft führen Hecken oder Straßenbäume vom Wald in Richtung Futterhaus. Um den Vögeln den Weg zu Körnern und anderen Leckereien zu weisen, hängt man in Abständen von rund zehn Metern einzelne Meisenknödel auf. Es genügt, diese Lockspeisen einmal auszulegen. Wenn die ersten Gäste aus dem Wald zum gedeckten Tisch gefunden haben, kommen sie immer wieder und bringen andere mit.

Rotkehlchen und Heckenbraunellen lassen sich heranholen, wenn sie eine Lockspur aus zerkrümelten Meisenknödeln auf dem Boden finden.

Um Schwanzmeisen und Baumläufer heranzuholen, gibt es einen besonderen Trick. Man wärmt drei oder vier Meisenknödel in einem Topf auf, bis das Fett-Körner-Gemisch butterweich ist. Dann streicht man es mit einem Messer an Zweige und Baumrinde und schafft auf diese Weise eine Leitlinie zum Futterplatz.

So lassen sich Vögel beobachten, die sonst nicht so häufig an Futterhäusern auftauchen. Dafür einige Beispiele:

Tannenmeise: Verhältnismäßig häufig erscheinen Tannenmeisen, vor allem wenn in der Nähe Fichten wachsen. Die Vögel sehen aus wie kleine, stark ausgeblichene Kohlmeisen. Bestes Kennzeichen ist ein länglicher weißer Streifen am Hinterkopf. Aber Achtung, auch manche Kohlmeisen haben einen mehr oder weniger breiten gelben Nackenfleck. Da kann man auf den ersten Blick die beiden Arten schon mal miteinander verwechseln.

Am Futterplatz gehen Tannenmeisen an Meisenknödel oder nehmen Sonnenblumenkerne, Erdnüsse und Hanfsamen. Wenn sie sich erst mal satt gefressen haben, schleppen sie fleißig Körner fort und verstecken sie gern in Fichtenzweigen zwischen den Nadeln, möglichst weit außen an der Spitze. Dort suchen Tannenmeisen normalerweise ihre Nahrung. Die anderen Meisenarten kommen jedoch nur selten an solche Stellen.

In Jahren mit vielen Fichtenzapfen erscheinen Tannenmeisen seltener an den Futterhäusern. Dann finden sie ausreichend Samen in ihren angestammten Revieren. Manchmal profitieren sie von Eichhörnchen. Wenn die einen Fichten- oder Kiefernzapfen bearbeiten, fallen viele Samen zu Boden. Für die Meisen ist das ein Schnellimbiss.

Tannenmeise – Kennzeichen ist der weiße Kopfstreifen. (Foto: Tierfotoagentur.de/Stefan Ott)

Schwanzmeise: Eine Schwanzmeise kommt nie allein. Außerhalb der Brutzeit leben Schwanzmeisen immer in Schwärmen. Am Futterplatz nehmen sie gern das Weichfutter, das der Handel für Drosseln und Rotkehlchen anbietet, oder sie holen sich nur das Fett aus den Meisenringen. Im Winter halten sich die Schwärme in festen Revieren auf. Wenn sie also einmal einen Futterplatz gefunden haben, kommen sie regelmäßig wieder vorbei.

Schwanzmeisen sind schwarz-weiße Vögelchen, rund 14 Zentimeter lang, davon entfallen allein 9 Zentimeter auf den Schwanz. Den nutzen sie beim Umherklettern im Gezweig als Balancierstange.

Bei uns brütet normalerweise die westliche Form dieser Vogelart. Ihr Kennzeichen sind zwei schwarze Streifen am Kopf. Im Herbst kommen Schwanzmeisen aus Nord- und Osteuropa als Wintergäste. Sie lassen sich gut am reinweißen Kopf erkennen. Westler und Ostler kommen häufig gemeinsam in einem Schwarm vor.

Lange kalte Winter sind Notzeiten für Schwanzmeisen. Wenn es kein Futterhaus im Winterrevier gibt, gehen viele zugrunde. Zum Glück waren längere strenge Frostperioden in den letzten Jahrzehnten eher die Ausnahme. So gehören Schwanzmeisen zu den Gewinnern der Klimaerwärmung. Ihre Bestände entwickelten sich in letzter Zeit gut.

Schwanzmeise - auffällig sind die langen Schwanzfedern.
(Foto: Tierfotoagentur.de/Dirk Vorbusch)

Heckenbraunelle – erkennbar an ihrem langen spitzen Schnabel. (Foto: fotonatur.de/Holger Duty)

Heckenbraunelle: Die meisten Heckenbraunellen verbringen die kalte Jahreszeit im Mittelmeerraum. Aber einige überwintern bei uns. Am Futterplatz halten sich diese Deckung liebenden Vögel fast immer am Boden auf und werden daher leicht übersehen. Sie profitieren vor allem von dem, was andere Vögel aus dem Vogelhäuschen herausschleudern. Nur selten fliegen sie direkt auf die Fensterbank oder das Futterbrett.

Auf den ersten Blick kann man eine Heckenbraunelle leicht für einen Haussperling oder eine Ammer halten. Doch ihr spitzer schlanker Insektenfresserschnabel ist ein eindeutiges Merkmal. Das Gefieder ist braun gestreift. Kopf und Brust sind überwiegend bläulich grau.

Zur Futterstelle kommen Heckenbraunellen im Winter in der Regel allein. Sie nehmen gern Weichfresserfutter und feine Sämereien, zum Beispiel Mohn. Nie fliehen sie bei Gefahr nach oben, sondern immer direkt zur nächsten Deckung.

Das Leben im Hotel „Zur Meise“

Wer Vogelnistkästen in seinem Garten hängen hat, möchte natürlich wissen, welche Vogelarten dort brüten. Aber wie soll man das anstellen, ohne die Vögel zu stören?

Einfach und unbedenklich ist der Fingertest. Man braucht nur einen Finger ein kleines Stück durch das Flugloch zu stecken und verhält sich sonst ganz ruhig. Wenn Frau Meise zu Hause ist und brütet, zischt sie äußerst heftig, so wie sie es macht, um kleine Feinde zu erschrecken. Und Junge piepsen schon los, wenn sie nur den Schatten bemerken. Sie hoffen, da kommt ein Wurmlieferant.

Die Vögel im Garten sind ja schon an Menschen gewöhnt. Sie sind gar nicht so ängstlich, wie man befürchten könnte, und gewöhnen sich erfahrungsgemäß schnell an regelmäßige Kontrollen. Man kann getrost einmal in der Woche nachsehen, wie weit der Nestbau gediehen ist, ob die ersten Eier schon im Nest liegen oder die Jungen bereits geschlüpft sind. Diese kurzen Störungen verübeln die Altvögel nicht.

Es gehört sich aber, ein paar Höflichkeitsregeln einzuhalten. Zunächst immer den Fingertest machen; wenn es zischt, wäre es nett, später noch mal vorbeizukommen. Wenn die Jungen schon geschlüpft sind und von den Eltern gefüttert werden, ist es besser, den Moment abzuwarten, wenn die Altvögel nicht im Kasten sind.

Nistkastenkontrolle: Hast schadet nur

Die Vorderwand bitte immer sehr vorsichtig und behutsam öffnen. Bei zu viel Hast könnten Eier oder Jungvögel herausfallen. Also zunächst immer nur einen Spalt öffnen und hindurchlinsen.

Wenn die jungen Feldsperlinge schon so groß sind, sollte man den Nistkasten auf keinen Fall mehr zur Kontrolle öffnen. (Foto: fotonatur.de/Holger Duty)

So kann der Neugierige die Klappe auch schnell wieder schließen, falls Wespen oder Hornissen in den Kasten eingezogen sind.

Beim vorsichtigen Öffnen ist zudem gleich zu sehen, ob die Jungen voll befiedert sind. Dann hat jede weitere Kontrolle sofort zu unterbleiben! Jungvögel verlassen ab einem bestimmten Alter bei Gefahr das Nest, selbst wenn sie noch nicht ganz flügge sind. Die Eltern füttern zwar außerhalb des Nistkastens weiter, doch draußen sind die Kleinen eher Feinden ausgeliefert als in der sicheren Höhle.

Um später noch einmal nachsehen zu können, welche Vögel mit welchem Ergebnis in welcher Höhle gebrütet haben, ist es praktisch, die Nistkästen zu nummerieren und ein Nistkastentagebuch zu führen. Da kann man auch die Ergebnisse der Herbstkontrolle eintragen.

Ein Kohlmeisennest – der Unterbau aus Moos ist typisch für Meisen. (Foto: Tierfotoagentur.de/Thomas Harbig)

Wer wohnte in dem Nistkasten?

Die meisten Höhlenbrüter bauen jedes Jahr ein neues Nest, räumen vorher aber das alte nicht immer weg. Deshalb sind die Nistkästen am besten in der Zeit zwischen Oktober und Dezember gründlich zu reinigen. Einmal ist das gut, um Ungeziefer einzudämmen, zum anderen, um die Kästen nicht von Nistmaterial überquellen zu lassen. An den alten Nestern lässt sich erkennen, welche Vögel den Kasten im Frühling bezogen hatten.

Meisen: Der Unterbau aus Moos dient im Wesentlichen als Füllmaterial für die in der Natur doch recht unterschiedlich großen und tiefen Höhlen. Darauf gebaut ist die Nestmulde aus feinen Wurzeln und Gras, reichlich gepolstert mit Tierhaaren und Wolle. Wenn bei der Herbstkontrolle die Nestmulde eingeebnet und von einem weißen Pulver durchdrungen ist, sind die Jungen ausgeflogen: Sie haben das Moos platt getrampelt und Hornschuppen abgestoßen, als ihre Federn wuchsen.

Blieben schwarz gefärbte Federn zurück, war das Nest von Kohlmeisen besetzt, bei blauen Federn haben dort Blaumeisen gewohnt.

Der Kleiber hat seinen Nistkasten am oberen Rand mit Lehm verklebt. (Foto: Tierfotoagentur.de/Astrid Brillen)

Kleiber: Der Nistkasten ist von außen mit einer mehr oder weniger starken Lehmschicht „verklebt" (daher der Name Kleiber, von kleben). Auch scharfe Ecken und Kanten wurden mit Lehm abgerundet. Die Vorderwand lässt sich nur mithilfe eines Werkzeugs öffnen. Das eigentliche Nest im Innern der Höhle ist nicht zu verwechseln. Es besteht nur aus Blättchen von Kiefernspiegelrinde. Nur dort, wo weit und breit keine Kiefern zu finden sind, nehmen Kleiber gelegentlich als Ersatz vorjähriges Laub.

Trauerschnäpper: Trauerschnäpper brüten bei uns kaum noch in Naturhöhlen, sondern fast immer in Nistkästen. Ihr Nest enthält kein Moos, es ist aus Grashalmen und dürrem Laub gebaut. Zum Auspolstern der Nestmulde nutzen Trauerschnäpper feines Gras, nie Federn oder Wolle. Die Eier sind hellblau und ganz ohne Punkte.

Gartenrotschwanz: Das Nest gleicht dem der Trauerschnäpper, aber Gartenrotschwänzchen polstern die Nestmulde immer mit Federn aus. Die Eier sind ebenfalls einfarbig blau.

Haus- und Feldsperling: Die Nester dieser beiden Arten lassen sich kaum unterscheiden. Sperlinge verbauen viel Stroh, Gräser samt den Rispen, Federn aller Farben und Größen. Damit füllen sie fast den gesamten Nistkasten aus. Die eigentliche Nestmulde befindet sich meist tief unten, sie ist mit Federn ausgepolstert.

Wald- und Gartenbaumläufer: Sie bauen ihre Nester normalerweise in Spalten und hinter abstehender Rinde, gelegentlich aber auch in Nistkästen. Für den Unterbau verwenden sie kleine dünne, trockene Zweige, gern von der Fichte, mehr oder weniger vermischt mit Spinnweben. Es folgt eine Moosschicht, die Nestmulde ist mit Wolle und Federn ausgekleidet.

Das Nest der Gartenrotschwänzchen enthält kein Moos. Sie polstern es immer mit Federn aus. (Foto: Frank Allmer)

Zaunkönig: Er baut seine kugelförmigen Nester mit einem seitlichen Einschlupfloch normalerweise nicht in Nistkästen. Wenn er dennoch einen Kasten bezieht, füllt er ihn völlig mit Laub und Moos aus (jedoch nicht mit Stroh wie die Sperlinge). Mit Federn verkleidet der Zaunkönig nur die eigentliche Nestmulde.

Star: Als große höhlenbrütende Singvögel brauchen Stare ein Einflugloch, durch das sie hindurchpassen, also von mindestens 45 Millimetern Durchmesser. Das Nest ist kein ordentlicher Bau, sondern aus Stroh- und Grashalmen, Federn, manchmal auch Wurzeln locker zusammengefügt. Im Gegensatz zu Sperlingsnestern ist der Nistkasten nicht bis oben hin vollgestopft.

Eher die Ausnahme: Nest des Zaunkönigs im Nistkasten. (Foto: Frank Allmer)

Hübsch, aber ungeeignet – viele Nistkästen sind zu klein

Manchmal findet man in Blumenfachgeschäften oder Kunstgewerbeläden schmucke bunte Vogelhäuschen im Landhausstil oder als nachempfundene Bürgerhäuser, oft als „Villa Rotkehlchen“ oder „Schloss Nachtigall“ bezeichnet.

Meisen & Co. ist das äußere Erscheinungsbild ihres Eigenheims ziemlich egal. Sie beziehen recht ungewöhnliche Unterkünfte. Kohlmeisen gehen in Briefkästen oder Wasserpumpen, Erdhöhlen von Uferschwalben und Eisvögeln, in Mäuselöcher und Straßenlaternen, Elsternester und Steinhaufen.

So kann ihnen sicherlich auch die bunte „Villa Rotkehlchen“ gefallen – wenn eins stimmt: die Größe des Brutraums. Leider sind viele der Schmucknistkästen zu klein geraten. Die Meisen nehmen sie zwar manchmal an, die Brut verläuft dann aber leider oft nicht erfolgreich.

Mindestmaße von Nistkästen

- Der richtige Vogelnistkasten muss vor allem unterhalb des Einfluglochs geräumig sein.
- Abstand vom Einflugloch nach unten zum Kastenboden: mindestens 17 cm
- Abstand vom Einflugloch nach oben zum Kastendach: mindestens 6 cm
- Grundfläche des Nistkastens innen: mindestens 13 x 14 cm
- Durchmesser des Einfluglochs: zwischen 2,6 und 3,5 cm
- Dicke der Seiten- und Bodenbretter: mindestens 1,5 cm
- Dünnere Seitenwände isolieren nicht ausreichend, weder gegen Kälte noch gegen Hitze. Blech- oder Plastikwände sind völlig ungeeignet.

Wenn diese Bedingungen erfüllt sind, können die Vögel auch in den farbenfrohen Schmucknistkästen erfolgreich Nachwuchs großziehen.

Was tun mit „verlassenen“ Jungvögeln?

Schon die Anführungszeichen zeigen: „Verlassene“ Jungvögel sind in aller Regel gar nicht verlassen. Wenn so ein kleines Meisenkind scheinbar allein auf dem Rasen umherhüpft, sitzen die Eltern mit großer Wahrscheinlichkeit in der Nähe in einem Busch und kommen genau in dem Augenblick zum Füttern, wenn der Beobachter gerade mal nicht hinsieht.

Auch wenn sich Mitleid mit dem vermeintlich verwaisten Jungvogel regt: Bitte sitzen lassen! Zunächst sollte man aus größerer Entfernung erst mal mindestens eine halbe Stunde schauen, ob die Eltern nicht doch mit Futter kommen.

Viele Jungvögel verlassen ihr Nest oft schon, bevor sie überhaupt richtig fliegen können. Die Altvögel umsorgen ihren Nachwuchs aber immer noch weiter. Ständig machen die Kleinen mit Bettelrufen auf sich aufmerksam. So wissen die Eltern wohin mit dem Futter.

Hilfe nur bei Gefahr in Verzug

Sitzt zum Beispiel eine kleine Meise auf der Straße, dann soll man sie natürlich aufheben und ins nächste Gebüsch bringen. Es ist ein Märchen, dass die Altvögel ihre Jungen nicht mehr betreuen, wenn ein Mensch die Kleinen mit bloßen Händen berührt hat. Im Gegensatz zu Rehen, die als Nasentiere den Duft des Menschen meiden und ihr Kitz verlassen, macht es nichts aus, wenn man einen Jungvogel eine Weile in der Hand gehalten hat. Der Geruchssinn vieler Singvögel ist nicht so gut entwickelt wie beim Wild.

Sitzt ein Jungvogel im Gebüsch und bettelt laut piepsend nach einer Mahlzeit, so müssen die Eltern Futter heranbringen. Das ist eine angeborene, zwingende Verhaltensweise. Der Zwang wird noch stärker, wenn sich den Altvögeln zusätzlich ein weit aufgesperrter Schnabel entgegenstreckt. Manchmal erscheinen sogar erwachsene fremde Meisen aus der Nachbarschaft und füttern das Kind.

Bitte sitzen lassen! Der rote Rachen dieser sperrenden jungen Krähe ist die Aufforderung an die Eltern, dort Futter hineinzustopfen. (Foto: fotonatur.de/Tanja Askani)

Nackter oder kaum befiederter Jungvogel

Auch bei Jungvögeln gilt in der Natur das scheinbar harte Ausleseprinzip. Größtenteils sind die aus dem Nest gefallenen Kleinen nicht überlebensfähig. Oft werfen sogar die Eltern selbst ein Junges aus dem Nest, weil es schwach oder krank ist.

Bei nackten, noch kaum befiederten Jungvögeln kann man allenfalls versuchen, sie in ein leicht erreichbares Nest der gleichen Art zu bringen, in dem ungefähr gleichaltrige Junge sitzen.

Immer wieder steht in der Zeitung, wie sich tierliebende Mitmenschen um solche kleinen Vögel kümmern und sie erfolgreich großziehen. Das ist eine sehr schwierige Aufgabe, die sich nicht mal eben nebenher erledigen lässt. Die Tiere brauchen in kurzen Zeitabständen ihr Futter. Das können Berufstätige kaum leisten. Man muss wissen, welches Futter für welche Vogelart geeignet ist, man muss frühzeitig die ersten Anzeichen von Krankheiten erkennen. Also, für die Pflege von jungen, aber auch verletzten alten Vögeln braucht man viel Erfahrung.

Am besten ist es für solche Tiere, sie zu einer Auffangstation für Vögel zu bringen. Leider sind solche Pflegestellen recht dünn gesät. Auskunft geben die örtlichen Tierheime oder Naturschutzgruppen (Adressenhinweise siehe Anhang).

Diese kaum befiederte junge Ringeltaube ließe sich nur sehr schwer erfolgreich aufpäppeln. (Foto: fotonatur.de/Tanja Askani)

Vogelkiller Küchenfenster

Ein trauriges Kapitel: der Vogeltod an Fensterscheiben. Es ist kein schönes Gefühl, morgens auf der Terrasse schon wieder ein totes Rotkehlchen zu finden, das gegen das große Terrassenfenster geflogen ist. Tag für Tag verunglücken unzählige Vögel tödlich an Glasscheiben.

Als sich die Urvögel vor vielleicht 150 Millionen Jahren entwickelt haben, lernten sie, sichtbare Hindernisse zu umfliegen. Auf durchsichtige Sperren wie Glasscheiben hat die Natur die Vögel jedoch nicht vorbereitet.

Glas ist für Vögel gleich aus zwei Gründen gefährlich: Zum einen ist es durchsichtig, zum anderen spiegelt es. So erblickt ein Vogel zum Beispiel hinter einem beidseitig verglasten Verbindungsgang zwischen zwei Gebäuden eine attraktive Parklandschaft. Er steuert direkt darauf zu und knallt gegen die Scheibe.

Ist die Verbindung nur einseitig verglast, spiegelt sich die Landschaft davor in der Scheibe. Der Vogel steuert direkt darauf zu ...

Fatal sind Sonnenschutzscheiben, da sie wie echte Spiegel wirken und den Vögeln freien Durchflug signalisieren.

Es ist traurig, aber bisher hilft kein Mittel uneingeschränkt gegen den Scheibenanflug. Doch eindämmen lassen sich die Vogeltragödien zum Teil mit recht gutem Erfolg. Fast immer muss jedoch ein Kompromiss geschlossen werden zwischen dem Bedarf der Hausbewohner, frei und ungestört durch die Scheiben sehen zu wollen, und dem Wunsch, keine toten Vögel mehr unterm Fenster zu finden. Da kann sich jeder nach seinen Gegebenheiten entscheiden, welche Schutzmaßnahmen er nun treffen möchte.

Diese Blaumeise hatte Glück. Sie hat den Flug gegen die Fensterscheibe überlebt. (Foto: fotonatur.de/Holger Duty)

Einfachste Schutzmaßnahmen

Das hören manche Hausfrauen sicherlich gern: Es hilft schon mal, die Fenster nicht zu putzen. Schmutz macht die Scheiben besser sichtbar und schränkt zudem die Spiegelwirkung ein. Jedenfalls verunglücken an frisch geputzten Fenstern deutlich mehr Vögel als an ungeputzten.

Wenn immer möglich, sollte man an den gefährdeten Fenstern von außen Jalousien und Rollos herunterlassen, vielleicht nicht immer ganz, aber bis zur Hälfte hilft auch schon.

Sehr gut wirken Fliegengitter oder Mückenschutznetze vor den Fenstern. Wenn sie aus schwarzem Fadengitter bestehen, stören sie den Durchblick von innen nach außen kaum. Schwarz wirkt transparenter als Weiß. Diese Netze sind zumindest für Fenster zu empfehlen, bei denen der freie Durchblick nicht ganz so wichtig ist, zum Beispiel im Schlafzimmer oder im Flur.

Die bekannten Greifvogelsilhouetten

Lange Jahre galten die schwarzen Scherenschnitte von fliegenden Wanderfalken oder Habichten als die ideale Schutzmaßnahme gegen den Vogeltod an Fensterscheiben. Ging diese Idee doch auf Forschungsergebnisse der großen Verhaltensforscher und Nobelpreisträger Konrad Lorenz und Nikolaas Tinbergen zurück. Sie hatten festgestellt, wie Modelle von fliegenden Greifvögeln bei Truthühnern instinktiv Fluchtverhalten auslösen. Doch dieses angeborene Alarmschema funktioniert nur, wenn die Greifvögel schnell fliegen, und nicht, wenn sie bewegungslos auf einer Scheibe kleben. Die anfliegenden Vögel erkennen die Silhouetten auf den Fenstern nicht als Feind. Die Bilder wirken weniger gut als lange angenommen. Doch so ziemlich alles, was auf einer Fensterscheibe klebt, mindert die Durchsicht und damit den Vogeltod. Vorausgesetzt, der Fensterschmuck ist außen angebracht, denn von innen würde der Spiegeleffekt nur verstärkt.

Es brauchen nicht immer Greifvogelaufkleber zu sein. Im gleichen Maß wirken Fensterdekorationen aller Art, wie Dekorbilder oder Glasmalereien. Im Handel erhältliche Folienbilder (ohne Kleber statisch selbsthaftend) sind quasi unverwüstlich und eignen sich hervorragend, um sie von außen an den Scheiben anzubringen. Auch die Window-Color-Bilder lassen sich gut auf der Außenseite des Fensters befestigen.

Aufkleber oder auch Klebestreifen bringt man auf saubere Scheiben auf. Das geht blasenfrei, wenn man die Scheiben anfeuchtet und die Folien mit einem Küchenschaber glatt streicht. Alte Folien lassen sich später leichter entfernen, wenn man den Klebstoff kurz mit Heißluft (Föhn) erwärmt.

Punktförmige rote Reflexaufkleber verhindern den Vogelanprall. (Foto: Frank Allmer)

Rote, punktförmige Aufkleber aus Reflexfolie mit einem Durchmesser von ungefähr 5 Zentimetern wirken noch um einiges besser. Insbesondere dann, wenn man sie immer zu zweit so nebeneinanderklebt, dass sie an Katzenaugen erinnern. Wissenschaftlich ist das vielleicht noch nicht ausreichend untersucht, aber schon viele Vogelfreunde setzen auf diese Methode.

Alle Aufkleber – ob farbig oder weiß – bieten nur beschränkten Schutz. Immerhin findet man schon mal weniger tote Vögel unterm Fenster, vor allem wenn auf einer Scheibe mehrere Bilder kleben.

Da muss man sich entscheiden, wie frei der Durchblick durchs Fenster sein soll. Aus Sicht einer Meise könnte ein Mensch nämlich durch ein völlig anflugsicheres Fenster kaum noch hindurchschauen. Kleine Vögel sind gewohnt, durch dichtes Geäst zu fliegen. Schon handgroße „Löcher" sehen sie als Durchflugmöglichkeit an.

Fazit: Schwarze Greifvogelsilhouetten taugen am wenigsten. Aber bitte nun nicht gleich loslaufen und die alten Bilder vom Fenster kratzen. Man kann ihre Wirkung enorm aufwerten: Mit einem Klecks Sonnenmilch!

Mit Lichtschutzfaktor 15 gegen den Anflugtod

Das ist kein Witz. Sonnenschutzmilch, ungefähr ab Schutzfaktor 15 und höher, hilft gegen Vogeltod an Fensterscheiben. Man tupfe etwas davon auf die bestehenden Aufkleber oder trage den Sonnenblocker dünn auf die Scheibe auf. Die Zahl der Glasopfer sinkt merklich.

Die Erklärung dazu: Vögel können Ultraviolett sehen, also die UV-Strahlen. Das ist der Farbenbereich nach Violett in der Farbskala des Regenbogens, ganz links außen. Für Menschenaugen ist er unsichtbar.

Die ultravioletten Sonnenstrahlen sind bei uns Menschen für die Urlaubsbräune verantwortlich, aber sie verursachen auch Sonnenbrand. Deshalb reiben sich Strandurlauber mit Sonnenmilch ein, deren Inhaltsstoffe teilweise die UV-Strahlen schlucken oder reflektieren. Ein Klecks davon auf einer Fensterscheibe ergibt unterschiedliche UV-Licht-Muster. Vögel erkennen die Markierungen, Menschen aber nicht.

Besser als Kleckse auf den Aufklebern oder direkt auf dem Fenster wirken dünne senkrechte Streifen aus Sonnencreme im Abstand von ungefähr acht Zentimetern. Damit das nicht zu einer unschönen Schmiererei wird, ist sorgfältiges Arbeiten angesagt. Aber auch dafür gibt es im Zoo- oder Gartenfachhandel Abhilfe: die „UV-Filzer".

Dabei handelt es sich um Filzstifte, mit denen sich UV-aktive Markierungen auf die Scheibe aufbringen lassen. Am besten wirken wieder senkrechte Streifen. Menschen nehmen sie in der Draufsicht kaum wahr. Nur bei diffusem Licht und seitlicher Ansicht sind leichte Schatten am Glas zu sehen. Das Streifenmuster lässt sich mit handelsüblichem Fensterreiniger leicht wieder entfernen.

Vogelschutzglas

Den gleichen Effekt nutzt Vogelglas mit einer schon bei der Herstellung aufgebrachten Schicht, die UV-Licht reflektiert. Sie ruft für Vogelaugen ein wirres Muster hervor. Viele Vögel erkennen das Hindernis, bevor sie dagegenfliegen.

In Experimenten der Vogelwarte Radolfzell wurden diese Scheiben von Vögeln deutlich besser wahrgenommen als herkömmliche Fenster.

Das Vogelschutzglas ist vor allem für Glasfassaden großer Neubauten geeignet. Es wurde zum Beispiel bereits verwendet bei dem Verwaltungsgebäude einer Wohnungsbaugesellschaft in Hamburg, in den Fensterfronten des Stadtbades von Plauen in Sachsen, in Bayern am Naturinformationszentrum im Karwendelgebirge und beim Pelikanhaus im Münchner Tierpark Hellabrunn.

Besonders wirksam, doch leider nicht schön

Nach Untersuchungen in Österreich sind senkrechte, 2 Zentimeter breite, orange Streifen die sicherste Methode gegen Vogelschlag. Das ist zwar wohl nichts fürs Wohnzimmerfenster, doch bei Lärmschutzwänden an Autobahnen und Bahnhöfen, bei Infocentern aller Art und Windschutzscheiben auf Balkon und Terrasse sind solche Folienstreifen die Rettung vieler Vögel vor dem Glastod.

Die Bienenfresser kommen nach Norden. So wie viele Einwanderer sind sie auffallend bunt und leicht zu erkennen. (Foto: fotonatur.de/Nikolaj Ullmann)

Vögel mit Migrationshintergrund

Plötzlich erscheinen große weiße Silberreiher regelmäßig in Gegenden, wo man sie niemals zuvor gesehen hatte. Waldvögel singen auf einmal mitten in der Stadt. Adler ziehen wieder ihre Kreise, wo sie seit 100 Jahren verschwunden waren. Vogelarten aus Amerika, Afrika und Asien überleben in freier Natur und ziehen in Europa ihre Jungen groß.

Die Natur kennt keinen Stillstand. Tiere und Pflanzen versuchen ständig, ihren Lebensbereich zu vergrößern. So liegen auch die Grenzen der Verbreitungsgebiete der Vögel nie endgültig fest. Bei einigen Vogelarten ist das sehr auffällig. Jedermann kann solche neuen Trends in der Vogelwelt miterleben. Das Beobachten von Einwanderern ist eine schöne und einfache Form, sich mit Vögeln zu beschäftigen. Es ist nicht nötig, eine größere Zahl Vogelarten

Dieses Kapitel zeigt Möglichkeiten auf, wie Anfänger Vogelarten studieren können, die ihre Verbreitungsgebiete aktuell ausweiten. Die regionalen vogelkundlichen Arbeitsgemeinschaften freuen sich immer sehr, wenn auch Anfänger ihnen solche Beobachtungen melden. Mehr dazu steht im Kapitel „Vom Vogelfreund zum Freizeitornithologen".

Die Einwanderer kommen aus verschiedenen Gründen. Einige sind in ihrer angestammten Heimat zu viele geworden, anderen gefällt das Stadtleben besser als das Landleben, erfolgreiche Schutzprojekte bringen ehemals Vertriebene in ihre alte Heimat zurück, und schließlich breiten sich Ausreißer aus Zoos und Tierhaltungen aus.

Silberreiher und Kuhreiher auf dem Vormarsch

Silberreiher sind nicht zu übersehen. Sie sind so groß wie Graureiher, aber strahlend weiß. Der Schnabel ist gelb, zur Brutzeit dunkelt er nach. Die Beine sind durchgehend schwarz, auch die Zehen. Dieses Merkmal ist wichtig, denn der kleinere und ebenfalls weiße Seidenreiher hat gelbe Zehen.

Die nächsten Brutgebiete liegen in Südost- und Südeuropa. Von dort flogen einzelne Vögel schon seit je gelegentlich als Tagesgäste in unsere Region. Für den kleinen Seidenreiher gilt das noch heute,

Die großen Silberreiher sind in Deutschland mittlerweile Dauergäste. (Foto: Tierfotoagentur.de/Fotofeeling)

Kuhreiher halten sich gern in der Nähe von Pferden auf.
(Foto: Tierfotoagentur.de/A.Trunk)

er ist ein seltener Besucher. Der Silberreiher dagegen ist mittlerweile ein Dauergast.

Seit Mitte der 1990er Jahre erscheinen Silberreiher immer zahlreicher in den großen Flusstälern, in Teichgebieten und an Seeufern. Während der Brutzeit, von April bis Juli, lassen sie sich dort allerdings kaum blicken, dann sind sie in den südlichen Brutgebieten. Ab August fliegen sie wieder ein. Der Höhepunkt liegt im Oktober, danach sinkt die Zahl langsam bis März.

Inzwischen sind Schlafplätze mit über hundert Silberreihern keine Seltenheit mehr.

Warum Silberreiher auf dem Vormarsch sind, lässt sich nicht ganz einfach erklären. Um 1920 waren die Vögel in Europa fast ausgerottet. Damals war es Mode, mit den weißen, seidigen und zarten Federn Damenhüte zu schmücken und die Tanzsalons zu dekorieren. Überall, wo Silberreiher ihre Brutkolonien im Schilf hatten, drangen Jäger ein und schossen die Vögel.

Ganz langsam erholte sich der Brutbestand. Inzwischen hat die Anzahl der Brutpaare wieder zugenommen.

In Österreich am Neusiedler See beispielsweise brüteten 1935 nur noch um die 20 Paare, heute sind es wieder gut 700. Weil die Silberreiher in den angestammten Brutgebieten zunehmen, wird es dort zu eng, und die Vögel schauen sich nach neuen Lebensräumen um. Wie es mit dieser Art weitergeht, ist noch völlig offen.

Auch die Kuhreiher verdienen die Aufmerksamkeit als Einwanderer. Sie sind ebenfalls weiß, aber viel kleiner als Silberreiher. Die Vögel halten sich gern in der Nähe von Pferden oder Rindern auf. Kuhreiher unternehmen nach der Brutzeit gern weite Flüge.

So haben sie sich aus ihrem ursprünglichen Lebensraum in Afrika und Asien unter anderem in Südeuropa verbreitet.

In der Schweiz tauchen sie inzwischen regelmäßig auf, zum Beispiel am Genfer See, am Neuenburger See und am Bodensee. Die Herkunft dieser Kuhreiher ist schwierig zu bestimmen. Sie werden teilweise frei fliegend in Zoos und Tierparks gehalten. Von dort machen sie schon mal Ausflüge in die weitere Umgebung.

Es scheint nur eine Frage der Zeit, bis Kuhreiher auch in Österreich und Deutschland häufiger auftreten.

Neubürger an Seen und Teichen

Vogelfreunde sollten bei ihren Spaziergängen unbedingt regelmäßig Gewässer aufsuchen, seien es Seen, Teiche oder Flüsse. Neben den einheimischen Wasser- und Ufervögeln, wie Taucher, Enten, Teich- und Blässhühner, lassen sich hier oft Neubürger blicken, zum Beispiel Reiherenten und Schellenten oder die von anderen Kontinenten stammenden Kanadagänse und Nilgänse.

Von Ost nach West: Reiherenten

Eine Reihe von Vogelarten weitet bereits seit einigen Jahrzehnten ihr Brutgebiet von Osteuropa nach Westen aus. Zwei Beispiele dafür sind Reiher- und Schellenten.

Die Erpel der Reiherenten sind auffallend schwarzweiß gefärbt. Den Kopf ziert ein Federschopf, der an Reiherfedern erinnert. Die Weibchen sind dunkelbraun. Vogelbeobachter haben mit Reiherenten ein Problem: Sie lassen sich nicht zählen. Immer

Den Kopf der Reiherente ziert ein Federschopf, der an Reiherfedern erinnert. (Foto: fotonatur.de/Sönke Morsch)

sind einige abgetaucht, um am Teichgrund nach Muscheln zu suchen.

Reiherenten sind Tauchenten. Sie holen ihr Futter nie mit „Köpfchen in das Wasser, Schwänzchen in die Höh". So verhalten sich nur die Gründelenten, zu denen zum Beispiel die bekannten Stockenten gehören. Vor dem Tauchen erhöhen Reiherenten ihr spezifisches Gewicht. Sie atmen aus und pressen das Gefieder ganz dicht zusammen, so bleibt keine Luft zwischen den Federn. Es ist sehr reizvoll, den Reiherenten bei ihren Vorbereitungen zum Tauchgang zuzuschauen. Sie sinken dabei nach und nach immer tiefer ins Wasser.

Ursprünglich brüteten Reiherenten im Norden Russlands. Um 1930 nahm ihre Zahl zu, sie breiteten sich nach Süden und Westen aus. Inzwischen brüten Reiherenten in allen Ländern Mitteleuropas. Doch je weiter man nach Westen geht, umso größer sind dort noch die Verbreitungslücken. Die Einwanderung ist längst nicht abgeschlossen. Freizeitbeobachter können immer noch neue Brutplätze entdecken.

Aber Achtung: Reiherenten beginnen viel später zu brüten als die meisten anderen Entenarten. Die Weibchen legen die ersten Eier kaum vor Mitte Mai. Die Hauptlegezeit ist erst Ende Mai bis Anfang Juni. Wenn also vor Ende Mai Reiherentenpaare auf einem Gewässer schwimmen, ist noch nicht sicher, ob sie dort brüten. Das können auch Vögel sein, die bei uns nur darauf warten, bis die Seen in Skandinavien oder Sibirien endlich eisfrei werden.

Erst Beobachtungen im Juni weisen auf Brut hin. Dann lohnt es, öfter an das entsprechende Gewässer zu gehen, um vielleicht die Entenmutter mit ihren Jungen zu sehen.

Noch große Verbreitungslücken: Schellenten

Wenn Schellenten fliegen, klingelt es in der Luft. Der Name leitet sich vom auffallenden Klingelgeräusch der fliegenden Erpel ab. Sie sind schwarzweiß gefärbt, mit dickem schwarzem Kopf und einem weit leuchtenden weißen Fleck am Schnabelgrund.

In Nord- und Ostdeutschland ziehen immer häufiger Schellenten ihre Jungen groß.
(Foto: Tierfotoagentur.de/Thomas Harbig)

Schellenten sind Höhlenbrüter. Ihre Nester finden sich zum Beispiel in Schwarzspechthöhlen. Mancherorts hängen Vogelschützer für sie Nistkästen der Größe XXL auf. Als Baumbrüter wählen sich die Schellenten waldumschlossene Seen und Teiche als Brutrevier. Ein bis zwei Tage nach dem Schlüpfen springen die Küken mit einem Satz aus der Höhle und lassen sich mit gespreizten Schwimmhäuten und heftig schlagenden Flügelstummeln zu Boden fallen. Das geht schon mal über zehn Meter und mehr, ganz ohne Knochenbrüche. Die Mutter führt die Küken dann zum nächsten Wasser.

Die Schellenten wandern weniger stürmisch ein als die Reiherenten. Sie weiten ihr Verbreitungsgebiet ebenfalls vom östlichen Mitteleuropa nach Westen und Süden aus.

In Deutschland brüten sie vor allem im Norden und Osten. In den westlichen und südlichen Bundesländern und in der Schweiz ziehen bisher nur hin und wieder mal einzelne Paare ihre Jungen groß. Da Schellenten bei uns oft in großer Zahl den Winter verbringen, ist in Zukunft noch mit neuen Brutpaaren zu rechnen.

Weitere Einwanderer

Zuzug von Osten nach Westen:
Tafelente, Rohrschwirl, Schlagschwirl, Beutelmeise, Karmingimpel

Zuzug aus dem Süden:
Kolbenente, Schwarzkopfmöwe, Bienenfresser

Gewinner der Klimaerwärmung?

Seit einiger Zeit wandern immer mehr Vogelarten aus dem Süden bei uns ein. Vermutlich sind sie Nutznießer der Klimaerwärmung. So nehmen zum Beispiel im Bodenseeraum Purpurreiher und Mittelmeermöwe sowie Zaunammer und Zippammer auffallend zu. Die ersten Orpheusspötter haben in Hessen und Nordrhein-Westfalen gebrütet, Bienenfresser graben ihre Brutröhren in Kiesgruben in Sachsen-Anhalt, Löffler und Stelzenläufer ziehen ihre Jungen an der Nordseeküste groß. All diese Entwicklungen haben erst nach 1990 eingesetzt.

Umzug vom Wald ins Dorf und in die Stadt

Wenn frühmorgens die Amseln von den Dachgiebeln singen und die Ringeltauben mit klatschenden Flügeln zum Balzflug starten, ist das heute in Dörfern und Städten nichts Besonderes. Das war nicht immer so. Ursprünglich stammen beide Arten aus dem Wald. Doch sie haben gelernt, wie gut es sich in der Nachbarschaft der Menschen leben lässt.

Die ersten Amseln sind vor etwa 200 Jahren in den Städten aufgetaucht. Ringeltauben (nicht zu verwechseln mit den verwilderten Haustauben) kamen gut 100 Jahre später. Sie sind inzwischen so bekannt und häufig, dass sie im ersten Kapitel als „Vergleichsarten" benannt wurden.

Noch heute ziehen Vogelarten aus dem Wald in die Dörfer und Städte. Einige sind einfach zu bestimmen, wie Buntspecht, Eichelhäher oder Singdrossel. Bei diesen Arten können selbst Neulinge in der Vogelkunde an ihrem Wohnort die Zuwanderung gut verfolgen.

Gartenrotschwänzchen waren einst Waldvögel. (Foto: fotonatur.de/Holger Duty)

Ein Wald mit kleinen Felsen

Spätestens drei Wochen nachdem ein junger Buntspecht die Bruthöhle verlassen hat, vertreiben ihn seine Eltern, und er muss sehen, wie er allein auf sich gestellt ein gutes Revier findet. Er fliegt weit umher, sieht auf einmal ein paar rote Felsen, daneben alte Bäume, die ihn magisch anziehen. Die roten Felsen sind Dächer einer Stadt, die alten Bäume stehen im Stadtpark.

Doch sobald der Jungspecht im Park einfliegt, greift ihn ein dort bereits ansässiger Artgenosse an. Unser Specht muss weiterfliegen und findet gleich nebenan einen noch jungen Wald, in dem kleine Felsen verstreut sind. Er landet in einer Einfamilienhaussiedlung, die vielleicht in den 1960er-Jahren erbaut wurde. Die damals von den Bauherren gepflanzten und liebevoll aufgezogenen Bäume und Sträucher sind inzwischen groß geworden. Das gefällt dem Specht und er bleibt.

Vögel sehen Dörfer und Städte mit ganz anderen Augen als wir Menschen. In einer lockeren Wohnsiedlung mit schon etwas älteren Bäumen sieht der Buntspecht also einen Wald.
Der Gartenrotschwanz bevorzugt einzelne Felsbrocken mit einer Lichtung und ein paar schönen Bäumen drum herum - also ein Haus mit Garten. Sein Vetter, der Hausrotschwanz, liebt es felsiger. Er bezieht gern die Innenstädte.

Wenn da noch Zweibeiner ohne Flügel herumlaufen, ist das für die Gefiederten unbedeutend, manchmal vielleicht etwas störend. Stadtvögel gewöhnen sich an Menschen, sie sind eindeutig weniger scheu als Waldvögel.

Buntspecht: Zimmermann an Hausfassaden

An einer viel benutzten Bushaltestelle mitten in der Stadt spielen Schüler Vogeleltern. Immer wieder halten sie die Hand vor die Höhle an einer dicken Birke. Jedes Mal, wenn sich der Höhleneingang verdunkelt, erklingt das aufgeregte Piepsen von hungrigen Vogeljungen.

Die Schüler sind noch nicht in ihren Bus eingestiegen, da fliegt schon einer der echten Eltern in die Birke, ein Buntspecht mit einer dicken grünen Raupe im Schnabel. Bei den Buntspechten füttern Vater und Mutter. Der Vater hat einen knallroten Fleck am Hinterkopf, die Mutter nicht.

Von Ende Mai bis Mitte Juni sind besetzte Buntspechthöhlen besonders gut zu orten. Dann lassen die Jungspechte fast unentwegt ihre lauten Bettelrufe hören. Mit etwas Geduld und dem Fernglas kann man sogar erkennen, womit die Eltern ihre Jungen füttern. Denn anders als Grün- oder Schwarzspechte tragen Buntspechte das Futter sichtbar im Schnabel.

Wer einen Buntspecht im Garten zu Gast haben möchte, sollte nicht jeden abgestorbenen Ast von den Bäumen entfernen. Schon weniges und recht schwaches Totholz mit den darin lebenden Insekten zieht die Spechte an. Die Vögel lassen sich dann in aller Ruhe und aus nächster Nähe anschauen.

Spechte singen nicht wie Singvögel, sie trommeln und grenzen damit ihr Revier gegen Artgenossen ab. Ein Specht in Trommelstimmung sucht sich eine Stelle mit guter Resonanz, oft einen dürren Ast dicht an einer Baumhöhle. Dort schlägt er mit seinem Schnabel rasche Trommelwirbel. Stadtspechte haben inzwischen gelernt, wie sie besonders beeindruckend lärmen können. Sie trommeln an Straßenlaternen, Dachrinnen und ähnlichen Klangkörpern.

Ein Buntspecht füttert seinen Nachwuchs. (Foto: Tierfotoagentur.de/Winfried Schäfer)

Das größte Problem für Spechte in Dorf und Stadt: Es gibt zu wenig morsches Holz, in das sie ihre Höhlen zimmern können. Alte morsche Bäume werden in Ortschaften meistens vorsorglich gefällt.

Doch Buntspechte sind Anpassungskünstler. Einige haben wärmegedämmte Hausfassaden als Baumersatz entdeckt. Die raue Struktur des Verputzes fühlt sich für einen Specht wohl wie Baumrinde an. Das darunterliegende Isoliermaterial klingt hohl wie Totholz. Da zimmert er dann gleich seine Höhle. Und die ist schon in drei bis vier Tagen fertig, ganz anders als in einem Naturbaum. Da dauern die Zimmerarbeiten zwei bis drei Wochen. Man kann es den Spechten also nicht verübeln, wenn sie Hausfassaden mit Bäumen verwechseln. Der Schaden aber ist lästig.

Wie wird man „Thermospechte" bloß wieder los?

Volle Sicherheit bietet nur Verkleiden der Hausfassaden mit Klinker oder Verputzen mit Zementputz. Das ist nicht billig und nicht immer möglich.

Spechte gehen ihrem Hackgeschäft gern in Ruhe nach. Man störe sie also, wo es nur geht: Klatschen, Rufen oder Wedeln mit Tüchern vertreibt den Specht. Es lohnt sich, ihm ein paar Tage lang aufzulauern. So hält er diesen Teil seines Reviers für unsicher.

Aber die wenigsten Menschen können ihr Haus ständig bewachen. Als Alternative haben sich Flattervorhänge aus Kunststoffbändern oder Girlanden aus Metallfolienstreifen bewährt. Pendelnd aufgehängte ausgediente CDs erfüllen ebenfalls diesen Zweck. Doch manche schlauen Spechte durchschauen die Tricks nach ein paar Tagen.

Noch sind die Fassadenhacker nicht flächendeckend in allen Ortschaften vertreten. Vor allem sind Wohnhäuser in der Nähe von Wäldern betroffen. Für Vogelbeobachter ist es sicherlich eine spannende Aufgabe, zu sehen, ob die Spechte auch in anderen Orten dieses Verhalten übernehmen.

Eichelhäher: ein Polizist als Stimmenimitator

Im Hauptberuf ist der Eichelhäher Polizist im Wald. Bei der kleinsten Beunruhigung warnt er mit lauten „Rätsch"-Rufen seine Mitbewohner vor Gefahren aller Art. Die Rehe hören auf zu äsen, die Hasen und Kaninchen verdrücken sich in die Büsche. Doch stimmlich haben Eichelhäher viel mehr drauf als nur Rätschen. Im Nebenberuf sind sie hochbegabte Stimmenimitatoren.

Eichelhäher sind etwas kleiner als Tauben, sehr farbenprächtig, mit vorwiegend rosabrauner Gefiedertönung und den bekannten blauen Häherfedern im Flügel. Wenn sie fliegen, fallen schwarz-weiße Flecken an Flügeln und Schwanz auf.

Eichelhäher ahmen täuschend ähnlich den Ruf des Mäusebussards nach. Sie überraschen überfliegende Krähen und Reiher mit echt klingenden Krähen- oder Reiherrufen und erschrecken Habichte und Eulen mit deren eigenem Alarmgeschrei. Die Häher miauen wie Katzen, kläffen Spaziergänger wie Hunde an und rattern wie Rasenmäher. Vielleicht wissen die Eichelhäher, was sie mit diesen Imitationen bezwecken, Biologen haben dafür keine plausible Erklärung.

Ungefähr seit 1950 wandern Eichelhäher in zunehmendem Maße in Obstgärten, Gartenvierteln und Parkanlagen ein. Einzelne bauen ihre Nester sogar an begrünten Hauswänden. Doch nicht in jedem Jahr brüten gleich viele Paare in einem Ort. Da herrscht offensichtlich ein starker Konkurrenzkampf mit Elstern und Krähen. Es ist eine interessante Aufgabe, in jedem Frühjahr zu vergleichen, wie viele Elstern und Krähen im Ort brüten und ob das einen Einfluss auf die Anzahl der Eichelhäherpaare hat.

Am lautesten sind Eichelhäher im Herbst. Im September und Oktober schließen sie sich zu größeren Gruppen zusammen und kommen lärmend in Dörfer und Städte.

Etwa alle drei bis sieben Jahre fliegen auffallend viele von ihnen in die Gärten ein, in der Regel nach ausgesprochen guten Brutjahren in Osteuropa und Skandinavien. Dann gibt es dort viele Jungvögel, und das führt offenbar zum Gedränge. Solche starken Einwanderungsjahre kann jeder Gelegenheitsbeobachter in seiner Wohnumgebung leicht bemerken.

Die farbenprächtigen Eichelhäher wandern in zunehmenden Maße in Dörfern und Städten ein. (Foto: fotonatur.de/Sönke Morsch)

Der Gesang der Singdrossel ist in den Abendstunden zu hören.
(Foto: fotonatur.de/Holger Duty)

Singdrossel: die gefleckte Abendsängerin

Wer nach Feierabend im Frühling in der Abenddämmerung nach Hause geht, hört sie bestimmt: die Singdrossel. Der Gesang ist ihr Erkennungszeichen. Sie singt ziemlich kurze und sehr unterschiedliche Motive. Die einzelnen Strophen wiederholt sie zwei bis drei Mal. Das alles trägt die Singdrossel hoch oben von der Spitze eines Baumes vor. Eselsbrücken, um sich den Gesang zu merken, wurden bereits im Kapitel „Die Sänger im großen Vogelchor" genannt.

Singdrosseln sind etwas kleiner und schlanker als Amseln. Ihr Rücken ist hellbraun, die weiß-gelbe Unterseite dicht mit schwarzen Flecken übersät. Seit über 100 Jahren ziehen sie schon in Dörfer und Städte ein, zunächst sogar sehr erfolgreich.

Um 1940 brüteten zum Beispiel in Berlins Parkanlagen ungefähr gleich viele Paare von Amseln und Singdrosseln. Doch danach muss etwas falsch gelaufen sein. 30 Jahre später jedenfalls kam in Berlin auf 18 Amselpaare nur noch ein Singdrosselpaar.

Die Bestände der Singdrosseln können von Ort zu Ort und Jahr zu Jahr sehr unterschiedlich sein. Ursachen für diese Unterschiede sind noch nicht bekannt.

Schnecken sind ihre Lieblingsmahlzeit

Wer eine Singdrossel im Garten hat, stößt manchmal auf eine Unmenge zerbrochener Schneckenhäuser. Das sind die Reste eines Drossel-Schlemmermahls.

Wenn unsereiner im Restaurant Weinbergschnecken bestellt, gehören selbstverständlich Schneckenzange und Schneckengabel dazu.
Singdrosseln haben nur ihren Schnabel als Essbesteck. Nicht einmal mit ihren Füßen können sie größere Brocken festhalten, wie es zum Beispiel Meisen tun.

Um an das leckere Innere einer Gehäuseschnecke heranzukommen, brauchen die Drosseln eine harte Unterlage. Sie packen die Schneckenhäuser mit ihrem Schnabel am Eingangsrand und schlagen sie kräftig auf einen Stein, einen Baumstumpf oder eine Glasflasche. Danach schütteln sie die nackten Schnecken heftig, um sie von den letzten Schalenresten zu befreien, und verspeisen den Happen.

„Drosselschmieden" heißen solche Plätze, wo sich oft Hunderte kaputter Schneckenhäuser finden.

Kein weiches Bett für Singdrosselkinder

Wenn im Herbst die Blätter von Büschen und Bäumen gefallen sind, entdeckt man oft alte Drosselnester. Da ist die Frage: Stammen sie von Singdrosseln oder Amseln? Das lässt sich leicht und eindeutig bestimmen.

Äußerlich gleichen sich die Nester: ein mehr oder weniger lockerer Bau aus Zweigen, groben Halmen und Moos. Aber der Innenausbau ist bei Singdrosseln alles andere als eine weiche Kinderwiege. Die Nestmulde ist ungepolstert. Sie besteht aus einer mehrere Millimeter dicken Schicht aus glatt gestrichenem Holzmulm und Lehm, oft mit Kuhdung oder Pferdemist vermischt.

Amseln bauen ihre Nestmulde zunächst zwar auch aus Lehm und Erde, polstern sie dann aber immer mit feinen Grashalmen und Würzelchen aus. So haben es die Jungen schön weich.

Außerdem bauen Amseln in die Außenwand der Nester häufig Plastikreste, Stofffetzen, Papier und Schnüre mit ein. Singdrosseln machen das nur ganz selten.

Die Rückkehr der Adler - Erfolg des Vogelschutzes

Über Jahrhunderte galten Adler als „böse Raubvögel". Die Menschen haben sie rücksichtslos verfolgt und Fischadler, Steinadler sowie Seeadler in vielen ihrer angestammten Brutgebiete in Mittel-europa ausgerottet. Seit einigen Jahren kommen die Adler nach und nach zurück.

Allerdings gibt es ein Problem bei der Adlerbeobachtung. Einzelne Paare sind sehr empfindlich gegen Störungen im Horstbereich, andere wiederum beginnen langsam, sich an Menschen und ihre Aktivitäten zu gewöhnen. Wer also meint, in seiner Umgebung einen besetzten Adlerhorst zu haben, der sollte erst mal vorsichtig austesten, wie die Vögel reagieren, zunächst also nur aus größerer Entfernung beobachten und nicht an jedem Tag.

In manchen Regionen bemühen sich Projektgruppen besonders um den Schutz der Adler. Ansprechpartner erfährt man bei den Naturschutzbehörden oder den Naturschutzverbänden (Adressenhinweise siehe Anhang).

Fischadler mit Beute im Anflug auf seinen Horst.
(Foto: fotonatur.de/Sönke Morsch

Fischadler sind Zugvögel. Sie überwintern in Afrika.
(Foto: Tierfotoagentur.de/A. Trunk)

Fischadler

Mancher ist enttäuscht, wenn er zum ersten Mal einen Fischadler sieht. Ein bisschen mehr „echter“ Adler dürfte es schon sein. Denn Fischadler sind verhältnismäßig klein, kaum größer als ein Mäusebussard; sie haben keine imposante Flügelspannweite und damit keinen majestätischen Segelflug. Das Flugbild mit auffallend gewinkelten Flügeln gleicht eher einer Möwe als einem Greifvogel. Die Unterseite des Gefieders ist blendend weiß.

Winterurlaub in Afrika

Fischadler sind Zugvögel. Schließlich fischen sie ständig frische Fische, und wo sollen sie das tun, wenn Seen und Flüsse bei uns im Winter zugefroren sind? In Afrika!

Ab Anfang August ziehen die ersten Fischadler gen Süden. Auf dem Zug können sie überall in Mitteleuropa auftauchen. Die besten Erfolgsaussichten, einen Fischadler zu sehen, bestehen in der letzten Augustwoche und der ersten Septemberhälfte an größeren, fischreichen Seen und Teichen.

Wenn man dort am ersten Tag kein Glück hatte, klappt es vielleicht am nächsten. Nachzügler bleiben bei milden Temperaturen bis in den November hinein. Beim Heimzug im Frühling fliegen die Fischadler von Ende März bis Ende April zurück in ihre nördlichen Brutgebiete.

Vogelschützer bauen Adlerwohnung

Fischadler brüten in Deutschland nur im Osten regelmäßig. Früher waren sie einmal überall zu Hause. In verschiedenen Regionen vom Bodensee bis zur Nordsee versuchen Adlerschützer, durchziehende Fischadler mit vorbereiteten künstlichen Horsten zur Brut anzulocken. Erste Erfolgsaussichten für die Projekte gibt es in Niedersachsen, Thüringen, Hessen und Bayern. Brutzeitmeldungen liegen ebenfalls aus Rheinland-Pfalz und dem Saarland vor.

Wer Fischadler in seinem Beobachtungsgebiet regelmäßig während der Brutzeit sieht, also zwischen Mai und August, sollte das den Naturschutzbehörden mitteilen. Und bitte Vorsicht: Neuansiedler sind sehr viel scheuer als alteingesessene Paare. So ist es eine selbstverständliche Pflicht, beim Beobachten der Adler keinesfalls Wege oder Straßen zu verlassen.

Steinadler

Steinadler haben sich in den letzten Jahren einen großen Teil ihres früheren Lebensraums zurückerobert. Dank intensiver Schutzprogramme siedeln im Alpenraum jetzt über tausend Paare. Der Bestand gilt als gesichert und stabil. Der Alpenraum

In vielen Alpentälern wachsen junge Steinadler auf. Die Küken von Adlern und anderen Greifvögeln sind weiß. (Foto: Tierfotoagentur.de/ Alexander von Düren)

Im Alpenraum gilt der Steinadlerbestand als gesichert. (Foto: fotonatur.de/Tanja Askani)

ist praktisch ausgebucht, für weitere Paare ist kaum mehr Platz. So hoffen Adlerfreunde, dass junge Adler bald auch außerhalb der Alpenregion nach geeigneten Brutrevieren suchen.

Erste Steinadlerpaare siedeln inzwischen im Französischen und Schweizer Jura.

Im Schwarzwald, auf der Schwäbischen Alb und im Salzburger Flachgau erscheinen immer häufiger Steinadler. Dort sollte man in Zukunft verstärkt auf diese Vögel achten und zum Beispiel jeden vermeintlichen kreisenden Mäusebussard noch mal mit dem Fernglas genauer anschauen.

Seeadler

Wie der Name schon andeutet, haben es die Seeadler bei uns nicht so sehr mit den Bergen. Sie lieben großflächige, waldreiche Seen- und Flusslandschaften. Die Mehrzahl horstet daher im Norden Deutschlands. Sie leben von Fisch, Wasservögeln und Aas. Ihre mächtigen Horste bauen sie in die Kronen alter Bäume.

Ende der 1970er Jahre stieg die Zahl der Brutpaare zunächst östlich der Elbe wieder stetig an. Inzwischen siedeln Seeadler auch westlich der Elbe, in den Niederlanden, in Niedersachsen und Thüringen. Sogar in Österreich und Bayern gibt es wieder Brutpaare. Adlerexperten meinen, in den letzten beiden Jahrhunderten lebten bei uns nie so viele Seeadler wie heute. Die Tendenz ist steigend, weitere Ansiedlungen Richtung Westen und damit spannende Beobachtungsmöglichkeiten sind zu erwarten.

Bereits ab Dezember kann man verliebten Seeadlerpaaren bei ihren akrobatischen Balzflügen zuschauen. Dabei sieht man abwechselnd spielerische Angriffe mit paarweisem Auf und Ab und gemeinsames Kreisen. An sonnigen Februartagen balzen Seeadler besonders aktiv.

Das beeindruckende Schauspiel sollten Beobachter sich bitte aus gebührender Entfernung anschauen. Wälder, über denen Seeadler balzen, sind zwischen Weihnachten und den Sommerferien auf jeden Fall tabu und weiträumig zu umgehen. Kein echter Vogelfreund würde die Brut und Aufzucht stören.

Seeadler lieben waldreiche Seen- und Flusslandschaften. (Foto: fotonatur.de/Tanja Askani)

Amerikaner und Afrikaner in Europa

Von den echten Einwanderern zu unterscheiden sind die sogenannten Neozoen. Das sind Neubürger, die wohl nie ohne die Hilfe des Menschen den Weg in ihr neues Brutgebiet bei uns geschafft hätten. Nach offizieller Lesart sind Neozoen Tierarten, die nach 1492 unter Mitwirkung des Menschen in ein Gebiet gelangt sind, in dem sie vorher nicht heimisch waren. Im Jahr 1492 entdeckte Christoph Kolumbus Amerika. Die Neubürger gelten als heimische Art, wenn sie sich über mindestens 25 Jahre und drei Generationen ohne menschliche Hilfe erfolgreich fortgepflanzt haben. Zwei Beispiele aus der Welt der Wasservögel sind Kanada- und Nilgans.

Wiesenlandschaften in Gewässernähe sind Lebensraum von Kanadagänsen. (Foto: fotonatur.de/Sönke Morsch)

Als schmucke Parkvögel eingeführt

Kanadagänse sind heute die größte Gänseart in Europa. Sie sind schwarz-braun-weiß gefärbt, haben einen schwarzen Hals und ein weißes Kopffeld. Im Flug fällt das weiße Heck auf. Ihre lauten Trompetenrufe klingen für Menschenohren etwas nervig, insbesondere frühmorgens vor dem Schlafzimmerfenster – und Kanadagänse siedeln sich gern in der Nähe menschlicher Siedlungen an.

Ursprünglich sind die Kanadagänse in Nordamerika beheimatet. In Europa wurden die ersten 1678 als Parkvögel nach England eingeführt. Um 1930 galt es in Schweden als chic, auf Gartenteichen Kanadagänse zu halten. Bald hielt man auch in den Parkanlagen von Kiel, Düsseldorf, München und Hamburg Gänse aus Nordamerika. Einigen gefiel das Leben als Ziervögel offenbar nicht. Sie flogen in die freie Wildbahn und gründeten dort erfolgreich Familien.

Ähnlich verlief es mit den in Afrika beheimateten farbenfrohen Nilgänsen. Bereits die alten Ägypter, Griechen und Römer hielten sie als Ziervögel. In Mitteleuropa sind sie mindestens seit dem 17. Jahrhundert als Parkvogel vieler Fürstenhäuser bekannt. Sie siedelten sich ebenfalls erfolgreich in der freien Wildbahn an.

Das Hauptvorkommen der beiden neuen Gänsearten ist das nordwestdeutsche Tiefland, insbesondere Nordrhein-Westfalen und Niedersachsen entlang von Rhein, Ems, Weser, Elbe und deren Nebenflüssen.

Mittlerweile brüten beide Arten bei uns in vielen Regionen. Mit weiteren Neuansiedlungen ist zu rechnen. Kanadagänse und Nilgänse sind nicht scheu und lassen sich sehr gut beobachten. Sie kommen

Immer häufiger trifft man auf Nilgansfamilien. (Foto: fotonatur.de/ Hans-Wilhelm Grömping)

häufig in Menschennähe vor, wie in Parkanlagen, doch auch in Wiesenlandschaften in der Nähe von Gewässern.

Die gefiederten Einwanderer sind nur eine Möglichkeit, sich als Anfänger mit Spaß und Freude um ein begrenztes Gebiet in der Vogelwelt zu kümmern, ohne dass man vorher viele Vogelarten kennen muss. Es gibt auch eine große Zahl alt eingesessener Vögel mit interessanter Biologie, die sich leicht bestimmen lassen, und auf die man sich konzentrieren kann. Zum Beispiel wo und wie im Jahreslauf Schwarzspechte oder Grünspechte leben oder wie es um einzelne Arten aus der Roten Liste der Brutvögel steht, wie zum Beispiel Rebhuhn, Kiebitz oder Rauch- und Mehlschwalbe.

Weitere Ausreißer aus Tierhaltungen und Zoos (Neozoen):

Nandu, australischer Schwarzschwan, indische Streifengans, Rostgans, Brautente, Mandarinente, Kuba-, Rosa- und Chileflamingo (in Nordrhein-Westfalen), Alexandersittich, Halsbandsittich (im Rhein-Main-Gebiet und im Raum Köln).

Gimpel gehören zu den Langschläfern, die erst spät an den Futterplatz kommen. (Foto: fotonatur.de/Sönke Morsch)

Vom Vogelfreund zum Freizeitornithologen

Mitten im Winter, an einem 21. Dezember, sind 5806 Engländer in aller Herrgottsfrühe vor Sonnenaufgang aus ihren Betten aufgestanden. Sie hatten nichts Besseres zu tun, als auf ihre Vogelfutterhäuser zu starren. Damit folgten sie der Bitte britischer Vogelforscher, die einen Zusammenhang zwischen dem morgendlichen Aufstehen der Vögel und ihrer Augengröße vermuteten. Die englischen Vogelfreunde notierten, in welcher Reihenfolge die Vögel nach Beginn der Morgendämmerung am Futterhaus erschienen. Sie meldeten die genauen Frühstückszeiten von 24 Vogelarten. Die Ergebnisse waren eindeutig: Arten mit verhältnismäßig großen Augen sind Frühaufsteher. Dazu gehören Amseln, Rotkehlchen und Blaumeisen. Kleinäugige Vögel sind Langschläfer, zum Beispiel Star, Grünling und Gimpel. Sie erscheinen bis zu einer dreiviertel Stunde später. Damit haben die Kleinaugenvögel viel schlechtere Überlebenschancen. Ihnen fehlt an den kurzen Wintertagen die Zeit, die sie verschlafen haben, um Futter zu suchen.

Der Hintergrund für das Verhalten: Vögel haben keinen Wecker. Sie erwachen, wenn es hell wird. Und wann es hell wird, das merken Arten mit großen Augen offenbar deutlich früher als Arten mit kleinen Augen. Das war den Ornithologen bislang noch nicht so klar. Mit ihrer morgendlichen Zählaktion verhalfen Hobbyvogelfreunde ohne großen Aufwand den Wissenschaftlern zu neuen Erkenntnissen.

Im Folgenden finden sich Hinweise, wie sich Anfänger nach und nach an die ernsthaftere Vogelbeobachtung herantasten können, zum Beispiel über vogelkundliche Arbeitsgemeinschaften, Internetaktionen, nationale und internationale Vogelzählungen oder die Vogelberingung.

Keine Angst vor Experten

Wer an die 30 Vogelarten rings um seinen Wohnort gut kennt, hat den Status des „blutigen Anfängers" verlassen. Er braucht dann keine Scheu mehr zu haben, mit anderen Vogelbeobachtern zusammenzutreffen und Erfahrungen auszutauschen. „Ich würde ja gern mitmachen, aber dafür kenne ich viel zu wenig Vögel." Dieses oft gehörte Argument sollte nicht gelten.

Sehr zu empfehlen für solche Kontakte sind vogelkundliche Arbeitsgemeinschaften. Es gibt sie fast flächendeckend auf Stadt- oder Landkreisebene. Häufig haben sie sich der Volkshochschule oder einem Naturmuseum angeschlossen. Viele arbeiten eng mit den örtlichen Gruppen von Naturschutzverbänden zusammen. Dort erhält man auf jeden Fall Hinweise auf Ansprechpartner.

Um ihren wissenschaftlichen Anspruch herauszustellen, nennen sich solche Gruppen manchmal etwas hochtrabend „Ornithologenvereinigung" oder „Avifaunistischer Arbeitskreis." Auch das sollte Anfänger nicht abschrecken. Sie sind dort immer willkommen, und es bieten sich ihnen gute Chancen, ihre Artenkenntnis zu erweitern, lohnende Vogelgebiete in der Nähe kennenzulernen und Aktuelles aus der regionalen Vogelwelt zu hören.

Die Arbeitsgemeinschaften sehen ihre Hauptaufgabe darin, vogelkundliche Beobachtungen aller Art aus ihrer Region zu sammeln. Mehr oder weniger regelmäßig veröffentlichen die meisten dieser Gruppen Arbeitsberichte. Da kann man dann sogar seine eigenen Beobachtungen (und den eigenen Namen) gedruckt sehen, wenn man Meldungen abgegeben hat.

Braunkehlchen sind selten geworden. Vogelkundliche Arbeitsgemeinschaften beobachten die Bestandsentwicklung, um rechtzeitig Schutzmaßnahmen zu fordern. (Foto: fotonatur.de/Holger Duty)

Eigene Beobachtungen im Internet dokumentieren

Nicht jeder hat Lust oder Zeit, bei einer Gruppe mitzumachen. Dann bietet das Internet gute Voraussetzungen. Die Seite www.naturgucker.de ist eine der interessantesten Möglichkeiten, im Internet zu dokumentieren, was man draußen in der Natur gesehen hat. So verschwinden die eigenen bemerkenswerten Beobachtungen nicht im privaten Vogeltagebuch, wo kaum einer davon erfährt. Hier stehen sie auch anderen interessierten Naturfreunden zur Verfügung.

Bei www.naturgucker.de ist es möglich, Naturbeobachtungen kostenlos und unverbindlich zu melden, und zwar nicht nur von Vögeln, sondern zusätzlich von Pflanzen, Pilzen und den verschiedensten Tiergruppen, wie Spinnen, Käfern, Schmetterlingen, Libellen bis zu den Säugetieren. Die Beobachtungsgebiete sind entweder bereits von anderen Nutzern vorgegeben oder man trägt sie selbst ein. Und das ist weltweit möglich, also auch mit Beobachtungen von einer Reise. Für die einzelnen Arten lassen sich die eigenen Meldungen und die anderer Beobachter nach Datum, Ort und weiteren Gesichtspunkten auswerten und auf den eigenen PC laden.

Auf der Internetseite finden sich täglich frisch neueste Vogelbeobachtungen. Es gibt Übersichtskarten mit den Fundorten der einzelnen Arten. Wer verreisen möchte, kann vorher schon mal schauen, wo andere Vogelkundler in der Umgebung des Reiseziels bereits bemerkenswerte Vögel gesehen haben.

Weitere Internetseiten, um Vogelmeldungen einzugeben:

- Für Deutschland: www.ornitho.de
- Für die Schweiz: www.ornitho.ch
- Für Österreich: www.birdlife.at

Beobachten heißt aufschreiben

Schon im ersten Kapitel wurde empfohlen, ein Vogeltagebuch als ständigen Begleiter bei allen Wanderungen zu führen. Man sollte sich angewöhnen, möglichst viele Einzelheiten zu notieren. Angaben wie „Stare sind häufig" sagen nicht viel; „circa 300 Stare suchen Nahrung auf frisch gemähter Wiese gemeinsam mit 62 Kiebitzen" ist aussagekräftiger. Je mehr sich Anfänger aufschreiben, umso besser lernen sie die Vögel kennen.

Zur Erinnerung hier noch einmal die erforderlichen Mindestangaben: Name der Vogelart, wenn möglich nach Männchen, Weibchen und Jungvogel gesplittet, ob als Einzelvogel oder im Trupp gesehen, Datum und Uhrzeit, Anzahl, Beobachtungsgebiet, Wetter. Dazu kommt das Verhalten, wie „Zug nach Westen", „frisst Hagebutten", „Streit mit dem Reviernachbarn" und Ähnliches. Ebenfalls wichtig sind Angaben zum Lebensraum, zum Beispiel Röhrichtzone am See, Lichtung im Laubwald, Mais-, Kartoffel- oder Rapsacker.

Als Alternative zum Notizbuch nutzen manche Beobachter ein Diktiergerät oder den Pocket-PC.

Etwa eine Million Mehlschwalben brüten bei uns. Wer jedes Jahr die Anzahl der beobachteten Nester notiert, kann feststellen, ob es mehr oder weniger werden. (Foto: fotonatur.de/Sönke Morsch)

Wie viele Vögel gibt es?

Laut Roter Liste der Brutvögel leben in Deutschland zwischen 0,8 und 1,2 Millionen Mehlschwalben, zwischen 9,2 und 11 Millionen Buchfinken sowie zwischen 94 000 und 120 000 Nachtigallen.

Grundlagen dieser Bestandsangaben sind im Wesentlichen Brutvogelzählungen, die ehrenamtliche Beobachter überall im Land in ihrer Freizeit unternommen haben. Allerdings zählen sie nicht jedes Nest. Da wäre die Gefahr zu groß, den Brutablauf zu stören. Bei den Singvögeln ist es üblich, die singenden Männchen zu kartieren. Man nutzt also das auffällige Verhalten der Vögel, ihr Revier lautstark zu verteidigen, wie im Kapitel „Die Sänger im großen Vogelchor" beschrieben wurde. Eine Brutvogelbestandsaufnahme ist ein Puzzle. Im Lauf einer Brutperiode wird es Stück für Stück ergänzt – oft muss man auch mit mehr oder weniger großen Lücken leben.

Volkszählung bei Buchfinken

- **Günstiger Ort:** Rundweg von circa zwei Stunden Dauer ums Wohnhaus oder in jeder anderen Gegend
- **Günstige Jahreszeit:** Anfang April bis Anfang Juni
- **Günstige Tageszeit:** eine halbe Stunde vor bis eine ganze Stunde nach Sonnenaufgang und zusätzlich in den frühen Vormittagsstunden
- **Ausrüstung:** vorbereitete Kartenskizze zum Eintragen der singenden Männchen

Bei den weitverbreiteten Buchfinken lässt sich das Vogelzählen gut einüben. Man beginnt im April. Buchfinken singen zwar schon ab Februar und gründen im Garten ihr festes Revier, doch den ganzen März über ziehen noch andere Finken durch. Sie wollen weiter im Norden brüten, singen aber häufig auf dem Durchzug schon bei uns. So käme es zu falschen Zahlen, wenn die Finkenzählung vor April begänne.

Bevor es losgeht, mache man sich eine grobe Kartenskizze des Beobachtungsweges (Kopie vom Stadtplan oder aus dem Internet). Bei der Zählung zeichne man für jeden gehörten Buchfinken ein, an welchem Platz er singt.

Das Ganze wiederholt man mit einem zeitlichen Abstand von mindestens zwei Wochen immer auf dem gleichen Weg und möglichst auch zur gleichen Tageszeit mindestens viermal bis Anfang Juni. Dabei trage man die Singplätze der Finkenmännchen jeweils mit einer anderen Farbe in die Karte ein. Wo zum Schluss mindestens zwei Punkte eng beieinanderliegen, war ein Buchfinkenrevier. Diese Bewertung ist zwischen den Vogelzählern so abgesprochen.

Nur die singenden Buchfinkmännchen werden gezählt. (Foto: fotonatur.de/ Sönke Morsch)

Die Tafelente mit dem braunen Kopf und die schwarz-weißen Reiherenten sind bei uns regelmäßige Wintergäste. (Foto: fotonatur.de/Holger Duty)

Alle meine Enten

Jedes Jahr an einem Wochenende Mitte Januar ist Termin für eines der größten Beobachtungsprogramme in der Vogelkunde: die Internationale Wasservogelzählung. Tausende von Freiwilligen zählen synchron in vielen Ländern auf allen Erdteilen die Enten, Schwäne und Gänse.

Mitte Januar lassen sich die Wasservögel besonders gut beobachten, weil sie sich im Winterquartier zu großen Schwärmen zusammenschließen. Zur Brutzeit ist es schwierig, die Gesamtzahl zu ermitteln; dann verteilen die Vögel sich auf unzählige Gewässer, oft in schwer zugänglichen Gebieten. Allein in Deutschland, Österreich und der Schweiz machen jedes Mal an die 3000 Zählerinnen und Zähler mit. Die meisten Wasservögel, die im Januar bei uns rasten, stammen aus Nord- oder Osteuropa. In Norddeutschland sind das vor allem Wildgänse verschiedener Arten, dazu die nordischen Sing- und Zwergschwäne.

Auf den Seen weiter im Süden konzentrieren sich vor allem Enten und Taucher. In der Schweiz sehen die Zähler zum Beispiel im Durchschnitt in jedem Jahr etwa 500 000 dieser Wasservögel.

Die Zählungen geben Aufschluss darüber, ob die Bestände der Vögel zu- oder abnehmen und wo die wichtigsten Überwinterungsgebiete liegen. Diese Informationen bilden die Grundlage für Schutzgebiete von nationaler und internationaler Bedeutung.

Jagd auf Wildgänse

In Norddeutschland freuten sich die Zähler ab Mitte der 1970er Jahre über ständig wachsende Zahlen von Bläss- und Saatgänsen. Die Internationale Wasservogelzählung ergab jedoch, dass es sich dabei nur um einen scheinbaren Anstieg der Bestände handelte. Die Gänse hatten ihre Zugwege und Überwinterungsgebiete verlegt. Viele, die früher nach Südrussland zogen, flogen jetzt die Westroute an den Niederrhein und nach Holland. Das Nahrungsangebot für die Gänse hatte sich in den bisherigen südrussischen Rastgebieten verschlechtert.

Ab Mitte der 1990er Jahre nahmen die Gänsezahlen in Norddeutschland gar nicht mehr zu, inzwischen gehen die Rastbestände sogar langsam wieder zurück. Aus Sicht des Naturschutzes müsste deshalb die bei uns immer noch erlaubte Zugvogeljagd auf Wildgänse unbedingt eingestellt werden.

Spektiv als zusätzliche Ausrüstung

Wer ernsthaft bei den Wasservogelzählungen mitmachen möchte, kommt nicht immer nur mit dem Fernglas aus. Um die Arten sicher bestimmen zu können, ist spätestens jetzt ein Spektiv sehr nützlich, also ein Fernrohr mit Stativ. Die meisten Wasservogelzähler nutzen Zoom-Okulare mit 20- bis 60-facher Vergrößerung. Es hat seinen besonderen Reiz, Vögel durch ein stationäres Fernrohr in aller Ruhe anzuschauen. Dabei fallen Feinheiten in Struktur und Farbe des Gefieders auf, die man vorher nie gesehen hat.

Ein Spektiv ist für den passionierten Vogelbeobachter eine Anschaffung fürs Leben. Von Billigangeboten sollte man die Finger lassen. Vernünftige Spektive haben ihren Preis. Es ist nun mal sehr aufwendig, gute Linsen zu produzieren. Dafür versprechen sie aber auch einen hohen Naturgenuss.

Für manchen ist das Gewicht von Spektiv und Stativ ein Problem. Bei einer Wasservogelzählung schleppt der Zähler die Ausrüstung schon mal vier oder mehr Kilometer. Wie schwer ein Spektiv ist, hängt insbesondere vom Durchmesser des Objektivs ab. Da gibt es wahre Lichtgiganten mit einem Objektivdurchmesser von 100 Millimetern oder mehr. Die bieten beste Durchsicht, wiegen aber viel.

Einige Spektive mit 60 bis 70 Millimetern Objektivdurchmesser sind schön leicht, viel kleiner, preislich um einiges günstiger und bilden dennoch ordentlich ab. Damit und mit einem leichten Karbonstativ lässt es sich fast unbeschwert durch die Natur wandern.

Für die Fotografie durchs Spektiv sind die Leichtgewichte weniger geeignet. Und wer einmal durch einen der hoch vergüteten Lichtgiganten geschaut hat, gibt sich nicht mehr gern mit einem kleineren Spektiv zufrieden.

Durchs Spektiv lässt sich der Sägeschnabel des Gänsesägers gut erkennen.
(Foto: Tierfotoagentur.de/David und Micha Sheldon)

Digiskopie: Fotografieren durchs Spektiv mit einer Digitalkamera

Vögel einfach mit einer kleinen Digitalkamera durch das Spektiv zu fotografieren, das klingt verlockend. Nach einiger Übung klappt das auch, zumindest für Bilder zum Hausgebrauch. Spitzenfotos sind bei dieser Ausrüstung eher Glückssache. Dafür ist größerer technischer Aufwand erforderlich.

Geeignet sind lichtstarke Spektive auf einem stabilen Stativ. Der Objektivdurchmesser der Kamera sollte kleiner sein als der Okulardurchmesser des Spektivs. Es genügt also eine der kleineren Digitalkameras, etwa ab fünf Megabytes und ab fünffachem optischem Zoom aufwärts.

Der Abstand zwischen Kameraobjektiv und Okular des Spektivs sollte möglichst kurz sein. Anfänger versuchen ihr Glück freihändig und bekommen dabei manchmal sogar schöne Fotos. Fortgeschrittene arbeiten lieber mit Adaptern.

Über 80 Prozent „ Ausschuss“ sind ganz normal! Je häufiger man auf den Auslöser drückt, desto eher hat man Glück und ein scharfes Foto. Doch als Hilfsmittel für die Vogelbestimmung und als Dokumentation einer besonderen Beobachtung reicht auch eine weniger gute Bildqualität aus.

Wir finden einen Vogelring

Der dänische Lehrer Hans Christian Mortensen ist der Vater der Vogelberingung. 1898 legte er Staren und Sperlingen zum ersten Mal kleine Metallringe mit eingestanzter Nummer um die Füße. Er wollte mehr darüber erfahren, wohin diese Vögel wandern. Heute ist die Beringung eine weltweit angewandte Methode zur Erforschung des Vogelzugs. Nur mit dem Vogelring war es zum Beispiel möglich festzustellen, dass Buntspechte in Freiheit 13 Jahre alt werden können oder dass erwachsene Rauchschwalben im Frühjahr nach dem Winterzug ihre alten Brutplätze wiederbesiedeln.

Der Erfolg der Beringung hängt insbesondere davon ab, wie viele Menschen die Vogelringe an die Beringungszentralen zurückschicken. Deshalb sollte man bei jedem toten Vogel, den man findet, nachschauen, ob er einen Ring trägt.

Wer daran interessiert ist, Vögel selbst zu beringen, sollte mit einer Vogelwarte Kontakt aufnehmen. Bevor die Beringungszentrale die offizielle Genehmigung erteilt, hat der neue Beringer Kenntnisse über Vogelarten, Fang und sachgerechte Handhabung nachzuweisen.

Rotschenkel mit Ring. (Foto: fotonatur.de/Sönke Morsch)

Vogelzugforschung braucht viele Helfer

Wenn man einen Vogelring gefunden hat, schickt man eine Postkarte oder E-Mail an die nächste Vogelwarte (Adressen siehe Anhang). Die Mitteilung sollte folgende Angaben enthalten:

- Vogelart (falls man sie bestimmen konnte) Ringnummer und die daneben eingravierte Beringungszentrale
- Genauen Fundort, mit Angabe des Landkreises. Wer einen GPS-Navigator besitzt, kann die Koordinaten angeben.
- Genaues Funddatum, also Tag, Monat, Jahr
- Die Fundumstände ausführlich schildern, zum Beispiel Anflug an Fensterscheibe, Verkehrsopfer am Straßenrand, sehr mager, vom Greifvogel gefangen.
- Schließlich die eigene Adresse. Die Vogelwarte wird sich melden und mitteilen, wo der Vogel beringt wurde und wie alt er war.

Über die Internetseite www.ring.ac lassen sich Ringfunde auch online melden.

Farbige Halsringe für große Vögel

2 R 98 steht groß und schwarz auf einem breiten gelben Plastikring am Hals eines Singschwans. Er rastet in Norddeutschland auf einem Rapsfeld. Schwanenforscher haben den Vogel bereits vor einigen Jahren gefangen und ihm den Halsring angelegt. Über 200 Mal wurde der Schwan bisher gesehen, denn mit einem guten Fernglas lässt sich die Nummer leicht am lebenden Vogel ablesen. Nicht nur Naturfreunde aus Deutschland haben ihn gemeldet, auch aus den Niederlanden, aus Polen, Litauen und Finnland kamen Berichte über diesen Schwan an die Vogelwarte Helgoland.

Mit großem Interesse verfolgen die Biologen den Lebenslauf von Gelb 2 R 98. Alle Jahre kommt er im Herbst für ein paar Wochen an die Elbe und fliegt danach weiter in die Niederlande. Zumeist bringt er seine „Ehefrau“ mit. Zweimal waren sogar drei Junge dabei. Ab Mitte März zieht das Schwanenpaar quer durch Mecklenburg-Vorpommern zur Ostsee und trifft Ende April an einem Waldsee in Südfinnland ein. Dort brüten die beiden.

Über 1000 Singschwäne tragen inzwischen einen farbigen Halsring mit ihrem ganz persönlichen Erkennungscode. Wie bei einem Puzzle entsteht aus vielen Einzelbeobachtungen ein sehr genaues Bild von der Biologie der einzelnen Vögel.

Die Schwanenforscher sind auf die Mithilfe von Naturfreunden angewiesen. Sie freuen sich immer, wenn ihnen ein Schwan mit Nummer gemeldet wird. Und nicht nur Schwäne erhalten farbige Halsringe, um sie persönlich zu kennzeichnen, sondern auch Wildgänse und Greifvögel.

Beobachtungsmeldungen schickt man mit Angabe der Ringfarbe und des Buchstaben-Zahlen-Codes am besten an die nächste Vogelwarte. Jeder Melder erhält eine Antwort mit den Beringungsdaten und dem bis dahin bekannten Lebenslauf des von ihm beobachteten Vogels.

Schwäne werden mit farbigen Plastikringen gekennzeichnet. (Foto: fotonatur.de/Sönke Morsch)

Ein junger Reiher erhält einen Farbring mit ablesbarem Code. (Foto: fotonatur.de/Sönke Morsch)

Bunte Ringe an den Füßen – groß und klein

Neben den üblichen Metallringen erhalten die Vögel bei einigen Forschungsprojekten zusätzlich farbige Fußringe. Bei großen Vögeln, wie Schwänen oder Möwen, sind das einige Zentimeter breite Ringe mit einem Buchstaben-Zahlen-Code.

Kleine Vögel erhalten zwei bis drei kleine bunte Kunststoffringe übereinander. Amsel A zum Beispiel am rechten Bein mit der Farbkombination Blau-Gelb-Rot, Amsel B dann links Rot-Blau-Gelb, jeweils von oben nach unten gesehen.

Zeigt her eure Flügel!

Vor allem bei Greifvögeln haben sich Flügelmarken bewährt. Das sind leichte Kunststoffstreifen, die den Vögeln auf der Flügeloberseite angebracht werden. Ihre Aufschrift lässt sich sowohl beim fliegenden als auch beim sitzenden Vogel gut ablesen.

Buntes Schnabelpflaster für Enten

Immer häufiger sehen Vogelbeobachter Enten mit einem weißen Höcker oder leuchtend orangeroten „Pflaster" auf dem Schnabel. Im Spektiv erkennt man mit Glück darauf eine Buchstaben-Zahlen-Kombination.

Das sind Schnabelmarken aus Plastik, mit denen Vogelzugforscher Enten in Frankreich oder Portugal kennzeichnen. Bisher weist nichts darauf hin, dass dies die Enten beeinträchtigt. Sie tauchen, schwimmen, fressen und fliegen normal. Und auch bei der Paarung stören die Schnabelmarken nicht. Um die Zugwege einzelner Enten zu erforschen, ist diese Kennzeichnung recht hilfreich.

Ob bunter Entenschnabel, farbenfroher Hals- und Flügelschmuck oder auffällige Fußringe – alle diese Projekte führen Vogelzugforscher mit viel Engagement und sehr oft ehrenamtlich durch. Sie verdienen auf jeden Fall die Unterstützung möglichst vieler Naturfreunde. Wer also irgendwo einen Vogel mit farbigen Ringen oder Marken sieht, sollte das zumindest einem örtlichen Vogelkundler melden, damit der dann versuchen kann, den individuellen Code des Vogels abzulesen.

Eine ganze Reihe von Freizeitbeobachtern haben sich auf das Ablesen von Farbmarkierungen bei Vögeln spezialisiert. Sie benutzen immer ein gutes Spektiv und sie brauchen viel Geduld. Oft ist zunächst nur ein Teil des Codes zu erkennen; erst wenn sich der Vogel noch ein bisschen dreht, lassen sich alle Einzelheiten ablesen. Umso schöner ist dann das Gefühl für den Vogelfreund, wenn er daran denkt, dass er mit seinem Hobby ein kleines Steinchen in das Mosaik der Vogelforschung einfügen konnte.

(Foto: fotonatur.de/Holger Duty)

Nachwort

Es gibt keinen Garten ohne Vögel, und es macht viel Spaß, den gefiederten Nachbarn im eigenen Garten zuzuschauen. Gärten zeigen aber nur einen Ausschnitt der Natur. Die Begeisterung für Vögel wächst, wenn man die Tiere auch in anderen Lebensräumen besucht. Menschen, die das Landleben lieben, gehen sowieso gern hinaus in die Natur. Dabei ist die Vogelbeobachtung eine schöne Freizeitbeschäftigung. Sie vermittelt zum einen Einblicke in viele Abläufe der Biologie, zum anderen verschafft sie Entspannung von der Hektik des Alltags.

Anhang

Bücher, Adressen und Links, die weiterhelfen

Publikumszeitschriften

Vögel – Magazin für Vogelbeobachtung
Blaufelden: dwj, erscheint viermal jährlich.
Erhältlich im guten Zeitschriftenhandel.
Abonnement: Rudolf Diesel-Straße 46
D-74572 Blaufelden
oder www.voegel-magazin.de

Der Falke. Journal für Vogelbeobachter
Wiebelsheim: Aula, erscheint monatlich.
Erhältlich im guten Zeitschriftenhandel
Abonnement: Industriepark 3
D-56291 Wiebelsheim
oder www.falke-journal.de

Der Falke-Taschenkalender für Vogelbeobachter
Wiebelsheim: Aula, erscheint jährlich
im September.

Bücherauswahl

Barthel, Peter H./Dougalis, Paschalis
Was fliegt denn da? Der Klassiker:
Alle Vogelarten Europas in 1700 Farbbildern
Stuttgart: Kosmos, 2009

Dierschke, Volker
Welcher Gartenvogel ist das?
126 Gartenvögel einfach bestimmen
Stuttgart: Kosmos, 2009

Dreyer, Wolfgang
Vögel rund ums Haus
Expeditionen in die heimische Tierwelt,
mit 50 Vogelstimmen auf CD
Stuttgart: Kosmos, 2007

Lantermann, Yvonne und Werner
Vögel im Naturgarten
Futterplätze, Nisthilfen, Gartengestaltung
Brunsbek: Cadmos, 2008

Limbrunner, Alfred/Bezzel,
Einhard/Richarz, Klaus/Singer, Detlef
Enzyklopädie der Brutvögel Europas
Stuttgart: Kosmos, 2007

Lohmann, Michael
Das große Buch der heimischen Vogelwelt
Wien: Tosa, 2007

Moning, Christoph/Griesohn-Pflieger, Thomas/Horn, Michael
Grundkurs Vogelbestimmung
Eine Einführung zur Beobachtung und Bestimmung unserer heimischen Vögel
Wiebelsheim: Quelle & Meyer, 2010

Richarz, Klaus/Hormann, Martin
Nisthilfen für Vögel und andere heimische Tiere
Wiebelsheim: Aula, 2008

Svensson, Lars/Grant, Peter J./Mullarney, Killian/Zetterström, Dan
Der neue Kosmos-Vogelführer
Alle Arten Europas, Nordafrikas und Vorderasiens
Stuttgart: Kosmos, 1999
(erweiterte Neuauflage für 2011 vorgesehen)

Thiede, Walther
Vögel
Die heimischen Arten erkennen und bestimmen.
20. Aufl. München: BLV, 2010.

Kontakte zu Vogelfreunden und vogelkundlichen Arbeitsgemeinschaften

In Deutschland:

Zwei Verbände mit zahlreichen vogelkundlichen Aktivitäten und vielen Kreis- und Ortsgruppen:

NABU Naturschutzbund Deutschland
D-10108 Berlin
Tel.: 0049-(0)-28 49 84 40 00
E-Mail: nabu@nabu.de, Internet: www.NABU.de

Landesbund für Vogelschutz in Bayern (LBV)
Eisvogelweg 1
D-91161 Hilpoltstein
Tel.: 0049-(0) 91 74-47 77 50
E-Mail: info@lbv.de
Internet: www.lbv.de

Zusammenschluss von landesweiten und regionalen vogelkundlichen Verbänden:

In Deutschland:
Dachverband Deutscher Avifaunisten (DDA)
Zerbststraße 7
D-39264 Steckby
Tel.: 0049-(0) 3 92 44-94 09 18
E-Mail: info@dda-web.de
Internet:www.dda-web.de

In Österreich:
BirdLife Österreich –
Gesellschaft für Vogelkunde
Museumsplatz 1/10/8
A-1070 Wien
Tel.: 0043-(0)1-523 46 51
E-Mail: office@birdlife.at
Internet: www.birdlife.at

In der Schweiz:
Schweizer Vogelschutz SVS/BirdLife Schweiz
Wiedingstrasse 78
CH-8036 Zürich
Tel.: 0041-(0)44-457 70 20
E-Mail: svs@birdlife.ch
Internet: www.birdlife.ch

Schweizerische Vogelwarte
CH-6204 Sempach
Tel.: 0041-(0)41-462 97 00
www.vogelwarte.ch

Funde von Vogelringen melden, Beringungs- und Markierungsprogramme:

Meldungen aus Ostdeutschland an:
Vogelwarte Hiddensee
D-18565 Kloster/Hiddensee

Meldungen aus Nordwestdeutschland an:
Institut für Vogelforschung, Vogelwarte Helgoland
An der Vogelwarte 21
D-26386 Wilhelmshaven

Meldungen aus Süddeutschland und Österreich an:
Vogelwarte Radolfzell
Schlossallee 2
D-78315 Radolfzell

Meldungen aus der Schweiz an:
Schweizerische Vogelwarte
Beringungszentrale
CH-6204 Sempach

Online-Melden von markierten Vögeln:
www.ring.ac

Übersicht über europäische Markierungsprogramme:
www.cr-birding.be

Internetadressen

www.birdnet.de
Sehr ausführliche Internetseite mit aktuellen Beobachtungen, Reisetipps, Internetforen, Linklisten

www.wildvogelhilfe.org
Wildvogelhilfe, Liste von Vogelpflegestationen, Hinweise zur Vogelpflege

http://vogelstimmen-wehr.de
Vogelstimmen von Stefan Wehr, umfangreiche Vogelstimmensammlung, aktuelle vogelkundliche Informationen

www.xeno-canto.org
Vogelstimmen von fast 400 Arten, Englischsprachige Website, deshalb beim Suchen den zweiteiligen wissenschaftlichen Vogelnamen eingeben

Stichwortregister

Ann-Marie Hagenkötter
Ziegen
80 Seiten, farbig, broschiert
ISBN 978-3-86127-678-4

Axel Gutjahr
Nützlinge im Garten
80 Seiten, farbig, broschiert
ISBN 978-3-86127-672-2

Kai Frölich/Susanne Kopte
Alte Nutztierrassen
80 Seiten, farbig, gebunden
ISBN 978-3-86127-679-1

Axel Gutjahr
Gartenteiche
80 Seiten, farbig, broschiert
ISBN 978-3-86127-671-5

Frank Allmer
Stolze Hähne
80 Seiten, farbig, broschiert
ISBN 978-3-86127-674-6

Dorothee Dahl
Schafe
80 Seiten, farbig, broschiert
ISBN 978-3-86127-675-3

Jürgen Gräfe
Süßes Hobby Imkerei
80 Seiten, farbig, broschiert
ISBN 978-3-86127-677-7

Yvonne und Werner Lantermann
Vögel im Naturgarten
80 Seiten, farbig, broschiert
ISBN 978-3-86127-080-5

Cadmos Verlag GmbH
Möllner Straße 47
21493 Schwarzenbek
Tel. 04151 87 90 70
Fax 04151 87 90 7-12

Besuchen Sie uns im Internet:
www.cadmos.de

CADMOS